华夏
众智

全面认可激励

数字时代的员工激励新模式

Comprehensive Recognition Reward

张小峰 —— 编著

HR专业能力建设工程丛书

总主编 彭剑锋 杨伟国

副主编 张小峰

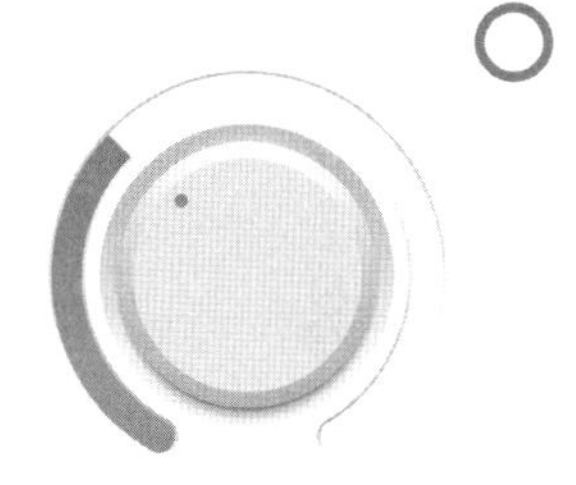

复旦大学出版社

总　序

提升 HR 专业能力，确立 HR 专业自信

中国正进入创新驱动与品质发展时代，而创新与品质发展的本质是人的创新能力与人的品质发展，它取决于对企业家创新精神的呵护与对创新投入的激励与保护，取决于对人才创新价值的认可与回报，取决于对创新人才个性的尊重与包容；更取决于对创新人才的选、用、育、留、出等人力资源专业职能的转型升级，取决于管人的人才（人力资源管理专业人才）的创新意识与职业能力的优先发展。

人力资源管理是一门以人的有效管理为研究和实践对象的专业性、技术性很强的综合学科。在数字化、智能化时代，随着技术变革的加速，组织与人的关系的重构，人力资源管理面临前所未有的挑战。人力资源管理理念的更新、技能的提升、职能的转型、机制与制度的创新比以往任何时候都变得更为迫切、更为快速。人力资源管理要为企业战略的转型升级、为业务的持续增长、为人的发展贡献新价值，这就对人力资源管理从业者的观念、个人的素质与专业技能提出了全新要求，人力资源管理部门和人力资源管理从业者必须适应时代需求，加速开展最新专业知识的学习与专业能力的提升。

为提升企业人力资源部及人力资源从业者的专业技术能力，确立HR 从业者的专业自信，中国人力资源开发研究会企业人才分会、中国人民大学劳动人事学院、华夏基石管理咨询集团自 2017 年起联合推出“HR 专业能力建设工程”，帮助企业人力资源部和人力资源从业者提升

专业技能。该工程以最新、最实用的人力资源技能为核心内容,教授人力资源管理的最新理论、方法,为全国企业的人力资源部和广大人力资源从业者提供及时、快速的专业能力提升培训,帮助企业迅速培养出一支优秀的人力资源从业队伍。

我们的初衷,就是强调学以致用,以实用型的人力资源新技术、新工具、新方法为主要内容,学完即可实际操作应用。内容主要是人力资源管理实务性课程,既包括任职资格标准体系建设与应用、绩效激励与薪酬设计实务、培训设计与培训管理、招聘管理实务、员工关系管理与劳动争议处理技巧等即学即用的专业内容,也包括基于共享时代的组织与人力资源变革、人才供应链管理、人力资源业务伙伴管理、组织知识与知识创新、人力资本合伙人制度等全新的趋势。同时,项目根据企业对人力资源工作者的能力要求不断优化课程模块和教学方式,以帮助企业 HR 专业人才加速成长步伐。

“HR 专业能力建设工程”开展以来,得到了企业界的广泛认可。为了更有效地开展该工程,实现“提升 HR 专业能力,建立 HR 专业自信”这个初衷,我们决定组织编写这套“HR 专业能力建设工程丛书”。我们选取了当前人力资源管理中的近二十个重点、热点、难点问题,组织了几十位在人力资源研究和实践领域有着深厚功底和丰富经验的中青年专家学者和咨询师共同编写。

具体说来,这套丛书有以下几个显著的特点:

突出实用性和可操作性。丛书编写以突出实用性为主,理论和概念讲述简洁、精练,方法和工具清晰、细致,图书的整体风格突出实用性和可操作性。

内容新颖。本套丛书的内容不仅结合实际,并且能反映人力资源领域最新技术和最优实践成果。

形式活泼,可读性强。文中广泛运用案例、插图和表格,使得丛书文字变得直观与鲜活，增加阅读时的感性认识。

我们相信，通过众多专家和专业机构的努力研究、广大人力资源从业者的不断学习，中国人力资源从业者的专业能力一定会不断提升并与企业需求相匹配，中国人力资源管理水平一定会蒸蒸日上。

丛书编委会

2018 年 11 月 16 日

前　言

无论管理者承认与否，外部环境确实变了。技术不同了，商业模式不同了，组织运行方式不同了，员工主体和需求也不同了。

1990 年，我国基本完成了计划经济向市场经济的转变，随着消费物资和财富的充裕和独生子女政策的普及，父辈在提供丰厚物质保障的基础上，逐步开始尝试民主的教育方式，加之全国追求财富的进程中，社会氛围整体偏向于浮躁和功利，这些因素直接或间接导致了“90 后”群体的自我、个性、藐视权威、崇尚自由、追逐梦想的特性。

“90 后”从小接触互联网，堪称网络原住民，在互联网、移动互联网的影响下，在“大云物移智”的技术推动下，“90 后”更加多样化，视野也更加开阔，接受新兴事物的能力更强，也更容易受到新思潮的冲击和影响。

时光荏苒，当管理者还没有“把脉”“90 后”需求的时候，“Z”一代的“00 后”登上了舞台。随着社会环境的固化、物质生活的充裕、科技手段的不断升级，“00 后”展现出“懂即自我、现实、关怀、平等、包容、适应”等独特的价值观，几年之后，第一批“00 后”将踏入职场，如何有效管理“00 后”？场景还未发生，已经成为一道难题。

无论是“90 后”还是“00 后”，在本书中，我们统一将 1990 年之后出生的员工称为“新生代”员工。与传统型员工不同，新生代员工步入职场后，明显自我意识更强，在职业发展过程中，首先思考的是自己，希望学有所用的同时，还能不断提升自身能力，因此，在组织层面，新生代员工更期望有能够发挥自我的舞台，从而实现自己的价值。

新生代员工倡导变兴趣为目的，为梦想而奋斗，新生代员工进入职场唯一不能妥协的就是兴趣，他们对于好工作的标准已经从“追求物质成功”，逐步转向“工作是否幸福，生活是否快乐，能够相互尊重”等标准。

在新生代员工中，知识型员工成为主体，如何变革传统管理方式，对于管理者而言，“忘掉奖励吧，忘掉惩罚吧，忘掉传统单调的金钱激励吧，你需要做的是使工作变得更加有趣，让工作本身成为工作最好的回报”。

过去工作是机会，是唯一，是生存的根本，现在工作只是平台，释放价值还要靠个体；过去期望“钱多事少责任轻、位高权重离家近”，现在则期望高素质的同事、良好的工作环境、获得新体验和新挑战的机会；过去员工更关注当期的利益回报，而现在的员工更关注发展的前景和稳定的提升速率；过去员工关心钱的多少，现在员工还关注公司的认可和弹性的工作日程。

这些转变都表明员工对于激励的期望值日益多元化，传统的物质激励边际效用逐渐递减，员工对于职业发展、工作自主化、工作与生活相平衡的诉求越来越强烈。进入数字化与智慧时代，员工对于激励的即时性要求越来越高，激励周期变得越来越短。同时，大数据的广泛采集，员工个性化需求得到满足的呼声也越来越高，这些都对管理者如何使用激励工具提出了更高的要求。

加之信息化的普及、数字化智能时代的到来，是时候呼唤新的激励方式——全面认可激励模式。全面认可激励模式的时代适应性主要有以下十个方面。

1. 全面认可激励模式强调认可，强调激励，强调关注每一个员工的日常行为，通过“认可分”“赞赏”“点赞”等形式，使得新生代员工随时得到认可，得到关注，提高新生代员工在工作中的“存在感”。

2. 全面认可激励模式通过“积分”“任务”“抢购”“PK”等方式，将工作任务化、娱乐化，结合游戏化思维，让工作充满趣味，实现娱乐工作、快乐奋斗，让工作成为工作本身最大的乐趣。

3. 全面认可激励模式通过明确“行为要项”，承载公司业务目标和文化价值体系，通过行为引导体系的构建，引导新生代员工自我驱动，自我管理，激发新生代员工的主动意识和责任意识，提高工作内驱力和工作兴趣指数。

4. 全面认可激励模式倡导公开、透明，是管理认知和思维的一种转变，将过去“控制”和“约束”的机械式管理思维变为“开放”“民主”“平等”的互联网思维，全面认可激励的管理思维强调，平等、直接、简单、自然。

5. 全面认可激励模式鼓励全方位、多元化认可员工行为和能力，符合新生代员工个性化、多样化和复杂化的混序且多元的价值导向。全面认可激励模式倡导认可评价多元化、人才服务个性化，通过各种“激励套餐”“兑换计划”“商品清单”的设置，实现统一规则和认可体系下的个人套餐自主化，提高人才服务的个性化、多样化诉求。

6. 全面认可激励模式强调“体验感”和“场景化”，通过工作任务游戏化、办公环境家庭化、管理氛围和谐化的方式，提高新生代员工的体验感。

7. 全面认可激励强调工作/非工作、物质/非物质、经济/非经济等多因素的全面认可和激励，倡导以人才为客户，构建一体化、系统化的服务解决方案。

8. 全面认可激励强调认可是客观的、公正的、即时的、触发的，在传统 E－HR 系统之上，借助数字化评价工具和手段，基于智能化驱动，打造人力资源管理的平台化管理新模式。

9. 全面认可激励通过业务体系和战略目标的层层分解，将对于业务有明确推动作用的行为活动给予即时认可与激励，鼓励员工行为与企业的业务活动形成一体，既有利于战略目标的层层传递和落实，同时也有利于准确且合理评价和认可员工的行为体系。

10. 全面认可激励强调基于行为进行评价，强调基于价值观构建行为体系，凡是符合公司价值导向的，能够对公司使命和愿景提供支持作用的行为，都应受到鼓励和肯定。通过组织层面的实时价值认定，实现新生代员工在工作岗位上的使命驱动和价值观驱动，相信目标的力量，相信相信的力量，相信肯定的力量。

全面认可激励不单单是一种方法，更是一种思维。在全面认可的观念下，管理者要实现思维升级，从工业文明的时代观升级到后工业文明的时代观；从静态的机械世界观升级到动态系统的量子世界观；从可见的组织思维升级为可感知的心流体验思维。

无论是后工业文明时期的民主化、尊重个体、用户至上，还是量子思维的全面、系统、多关联，抑或是心流的快感、多巴胺、游戏化，其实都是希望管理者能够在组织环境和员工主体发展变化的前提下，通过转变管理思维，来应对不断出现的管理挑战。

“心有善念，善言善行”，希望本书能够给管理者带来一些管理上的新思维、新方法、新技巧，用善念，解放思想，激活组织，激发人才正能量。

目录

第一章 数字时代的“不同”与新时代员工的“真相” | 1

一、商业社会的“大不同” | 1

二、新时代员工的“真相” | 10

第二章 员工激励困局的解决思路：走向全面薪酬激励 | 18

一、管理者的困惑：物质激励到底还有没有用？ | 18

二、管理者的一度修炼：思维升级 | 23

三、从单一走向全面：探索全面薪酬激励模式 | 27

第三章 管理新思维：“职业游戏”与“幸福生活” | 44

一、游戏化思维：让“枯燥”的工作嗨起来 | 44

二、制造幸福：产业工人管理的新思路 | 70

第四章 认可：更有效的正向激励措施 | 94

一、管理者的二度修炼：善用认可的力量 | 94
二、多维交互的认可激励模式 | 105

第五章 荣誉体系，基于价值观的认可模式探索 | 126

一、荣誉体系背后的理论假设 | 126
二、荣誉体系的前身：价值观评价与内部光荣榜 | 133
三、荣誉体系：基于价值观的认可新模式 | 143

第六章 全面认可激励，激励困局的新思路 | 166

一、华夏基石全面认可激励模式 | 166
二、全面认可激励需要 IT 平台的支持 | 170
三、全面认可激励要与“游戏化思维”结合应用 | 173
四、员工如何参与全面认可激励体系 | 176
五、全面认可激励与传统评价手段的区别和联系 | 177
六、基于个人的全面认可激励模式 | 179
七、基于员工＋客户的双认可评价模式 | 188
八、积分制管理，全面认可激励的新实践 | 189
九、全面认可激励系统的核心价值 | 194

参考文献 | 196

第一章 数字时代的“不同”与新时代员工的“真相”

本章导读

数字时代，科技不断进步发展，经济不断进步发展，社会思潮也在发生改变，新时代员工的整体环境发生了大变化，他们的工作特质也发生了变化，需要真正地从关心这些变化开始，思考如何提升激励的有效性。

知识重点

科技革命、消费主义、智慧时代、新时代员工

一、商业社会的“大不同”

（一）迭代：商业社会的产业升级之路

无论管理者承认与否，组织外部环境确实变了。技术不同了，商业模式不同了，组织运行方式不同了，员工主体和需求也不同了。面对这些不同，传统的管理逻辑失效，效果大打折扣。如何转变新的管理思维，提升管理效果和员工满意度？我们还需要从事情的源头说起。

18 世纪 60 年代，英国发起了第一次科技革命，开启了机器代替手工劳动的时代，这次技术改革最终引发了一场深刻的社会变革，自此，工

业资产阶级和工业无产阶级形成，工人的分工协作与效率问题开始受到关注，组织和管理理论也逐步诞生。

第二次科技革命兴起于 19 世纪 70 年代，各类新技术、新发明层出不穷，并迅速应用于工业生产，大大促进了经济的发展。尤其是电力、内燃机、新交通工具、新通信手段、化学工业等技术领域的变革，促使人类社会彻底进入"电气时代"。资本更加集中，从而使资本主义由自由竞争进入了垄断时期，同时也促进了生产的进一步社会化。这一时期迸发了很多经典的管理思想，但都局限在以体力工人为主题的生产作业领域。

20 世纪 40～50 年代，第三次科技革命以美国开展信息控制科技革命为起源，极大地推动了人类社会经济、政治、文化领域的变革，而且也深深影响了人类生活方式和思维方式。

如果说第一次科技革命带来的是大规模机械化生产，第二次科技革命带来的是流水线生产，那么伴随着信息技术的普及，第三次科技革命逐步实现了自动化的生产。同时，信息的高效传递，将组织的高塔推翻，逐渐进入扁平化管理时代。组织内部的体力劳动者逐步被技师和工程师取代，他们肩负技术创造价值的使命，将人类社会生活推向了现代化。

经过机械化生产、流水线生产和自动化生产之后，第四次科技革命发生在全球化的背景下，网络分布更加通畅，宽带速度极大提高，甚至出现了工厂智能化(smart factory)的趋势。伴随着技术的普及，员工的年龄结构发生了巨大的变化，越来越多受过高等教育的年轻人成为企业中的价值主体。

时光轴拉近至 2017 年，AlphaGo 毫无悬念地连胜柯洁三场，成功开启了"智慧时代"。与以往替代人工的机器技术不同，人工智能、物联网、云计算、生物工程等技术是人与自然、人与人、人与机器人的一次颠覆与重构。在人工智能(AI)技术的影响下，越来越多的重复性、操作性的工种被机器替代，部分简单创造性的工种也在逐步被 AI 替代，这些由技术引发的组织与人的重构，彻底颠覆了管理者的传统认知。

不得不说，改变成为一种趋势，而且愈演愈烈。任何一次商业社会的改变，都会对旧有的管理思维产生激荡，并迸发新的管理思想。最近的潮流，应该是由互联网引发的一场商业社会和管理理念的巨变。

无论是讨论互联网时代的员工特质、组织变革的趋势，还是讨论管理者的困惑与解决之道，都应该追溯互联网时代的商业模式脉络，回归本源，思考管理的逻辑究竟发生了哪些变化，管理的方式究竟应该如何调整。笔者简单地梳理了互联网时代商业模式的脉络，希望大家能够从中窥得一二（见表 1-1）。

表 1-1　互联网时代不同阶段的商业模式汇总

概念	具体解释	具体做法	代表企业
Web1.0	第一代互联网，技术创新主导模式，门户合流、主营兼营产业结构	各大新闻类门户网站、靠流量和点击换取广告费用	新浪、yahoo、网易、搜狐、腾讯
Web2.0	1.0 基础上，由用户主导而生成的内容互联网产品模式	用户分享、信息聚合、兴趣为主的社群、开放平台	百度、人人网、微博、优酷
B2B	business-to-business，商对商	企业对企业之间的电子商务营销关系，交易的供需双方都是企业	阿里巴巴、慧聪网
B2C	business-to-customer，商对客	企业通过网络面对客户，借助于互联网开展在线销售活动	天猫、聚美优品、京东、唯品会
C2C	customer-to-customer，个人与个人之间的电子商务	个人与个人之间的电子商务，通过网络将双方进行链接	淘宝网、拍拍网
C2M	customer-to-manufactory，客对厂大规模定制化	社群关系中得用户将零散的需求，整合为整体、可操作的需求提供给供应商	小米、红领

（续表）

概念	具体解释	具体做法	代表企业
O2O	online-to-offline，线上线下模式，"水泥加鼠标"	随团购和二维码而兴起的新商业模式，主导线上线下相结合，去互联网界限化	美团、大众点评、微信、苏宁
CP2C M2C	customer planning to customer，众筹营销 Manufactory-to-customer 厂对客	通过网络平台发起活动，由用户进行参与，大规模定制的变种	余额宝、三个爸爸、罗辑思维、天使汇、尚品宅配天使汇
IOT	internet of things，物联网	互联网从人向物的延伸	i-watch、特斯拉、小米
大数据	big Data	通过对洪流信息进行清洗、整理和分类，并得出分析结论	阿里巴巴、腾讯、百度
云计算	分布式计算	通过分布式计算机，有效提高运算效率和承载能力	亚马逊、阿里云
AR/VR/MR	虚拟现实、增强现实	通过成像系统，实现远程场景再现	谷歌
AI	人工智能	通过大规模算理和深度学习算法，在众多要素中找到最佳决策选择	科大讯飞、百度
共享经济	分布式经济的一种商业模式	通过共享和分时租赁的形式，满足消费者的碎片化、分布式需求	滴滴、Airbnb

从表 1-1 中不难看出，从 web1.0 到 web2.0，从 B2B 到 B2C 到 C2C 到 C2M，从 O2O 到 IOT，从 AR 到 VR 再到 MR，从共享经济到人工智能，从云计算到区块链，商业模式的不断迭代预示着互联网不再单单是一种技术，而成了一种理念、一种科学，无论愿意与否，传统工业社会一步步迈进了未来网络社会和数字时代的大门，在这场巨变之中，管理者或者选择进化，或者被淘汰。

如果说，在互联网时代新科技浪潮对于商业社会和政府机构只是循序渐进的倒逼式改革，那么，对于商业社会的企业而言，互联网时代及其带来的深远影响，将颠覆甚至重构整个行业或产业格局。自由、民主、独立、特色，这些互联网商业模式的典型特征已经被业界熟知，但类似于传统工业革命总是在制造业首先推进一样，国内的产业迭代和思潮巨变，也是先从传统的制造业发源。

2007年，海尔推倒了企业内外两堵墙，提出了“无边界”模式，力求建立起一个由无边界的技术平台、无边界的人才平台、无边界的供应链平台组成的全面立体运行平台。

张瑞敏屡次提出，在无边界的技术平台，推倒企业之间的墙，让资源为我所用；在无边界的人才平台，追求人才为我所用，而不仅仅是人才为我所有；在无边界的供应链平台，则要推倒供应商之间层层的墙。

2017年，华为宣布进入战略“无人区”，同步开始思考新商业环境下人力资源管理措施的变革之道，并先后提出“一杯咖啡吸收宇宙能量”“炸开人才金字塔”“重新审视KPI”等管理理念。

从这些最优企业身上不难看出，商业社会的变革不单单影响公司的商业模式，同时也影响着管理模式和相应的人力资源政策。

除了制造业，零售百货、金融、传媒娱乐、汽车制造、电信等行业都在不同程度上受到了新技术潮流的冲击，不断地通过技术创新和商业模式的创新，迭代和重构价值体系。当然，技术的改变在影响商业的同时，也影响了员工的特点和需求，大致如表1-2所示。

表1-2　技术潮流下员工的特点和需求

特点	需求
对科技的领悟性强	高素质的同事
心理承受能力较弱	良好的工作环境
对即时性有要求	获得新体验和新挑战的机会

（续表）

特点	需求
有创业精神	发展的前景
以自我为中心	公司或雇主的认可
寻求灵活性	弹性的工作日程
价值取向多元化	稳定的提升速率

除了技术变化影响员工整体特点和需求之外，作为人力资源从业者，我们还应该关心社会潮流的变化。随着中国改革开放红利的充分释放、民众生活水平的持续走高，城市中产阶级和城镇小产阶级崛起，一种“消费主义”的思潮逐渐蔓延，并迅速成为员工中的主流价值导向。在后文中，会详细地对“消费主义”及员工整体特征的影响做分析，这里不表。

总之，科技不断进步、经济不断发展、物质不断丰裕，极大地改变了员工的整体需求，物质生活需求仅仅是起步，员工逐渐从生存性需求跃迁到了自我超越的需求。员工不再满足于生理、安全和社会需求，开始追求尊重、认可、自我实现和自我超越的需求。这些都要求管理者转变思维，转换激励理念，探索激励方法，丰富激励手段，通过激励方式的整体升级，来进一步激发员工、激活组织。

（二）消费主义引领下的“新社会”

前面提到，随着城市中产阶级和城镇小资阶级崛起，“消费主义”思潮逐渐蔓延，并开始影响社会的主流价值取向。消费主义（consumerism）是市场经济社会中普遍流行的一种社会价值观现象，是指导和调节人们在消费方面的行动和关系的原则、思想、愿望、情绪及相应的实践的总称。其主要原则是追求体面的消费，渴求无节制的物质享受和消遣，并把这些当作生活的目的和人生的价值。它是当今庸俗价值观的重要组成部分。在消费主义的影响下，消费行为变得更加多样化，并且重塑了自我风格，消费者沉浸其中，其意愿和方式都得到了更迭式发展。在消费主义的推动下，大众不再满足于“适合自己”“符合身份地位”的方式，而更多地被“超越现在”的方式触动，同时不断地从消费时的意愿慢慢转为影响职场甚至整个人生的意愿。

简言之，消费主义就是在告诉你：你消费了什么就代表了你是谁。当然，消费主义不单单适用于“90后”和女性。中国已经迎来全面消费时代，年龄、性别等界限正在逐渐消失，随之催生出“都市潮男”“单身族”“银发族”“体验至上主义族”“环保人士”等各类新群体，这些不同的群体有其独特的风格、理念和行为方式。

对于消费主义，业界有褒有贬，这本身不是本书需要探求的范畴，我们只是关心在消费主义成为社会主流价值趋势之后，将会带来哪些潜在的管理上的影响。通过资料的阅读和笔者的亲身感受，我们认为，受到消费主义影响的员工，还是有一些有别于他人的独特特质。

首先，消费主义影响下的员工更加独立，崇尚个体主义，越来越不愿意承担责任，也越来越缺乏与人相处的信心，许多年轻人对于约会、结婚、生育都不感兴趣，对于单调的工作更是提不起精神，这就对于管理者如何营造趣味性的工作氛围提出了要求。

其次，消费主义影响下的员工更加关注自我，他们通过各种方式来展示自己从而引起关注，而引起关注只是为了得到一种类似于名人崇拜的心理满足，这也是为什么现在快手、抖音等App火爆的原因之一。

再次，消费主义影响下的员工更加压抑和焦虑，消费时代的社会充满了不确定性和不安全感，紧张、压抑、焦虑和孤独已成为员工普遍的精神状态，如何采取合理的管理措施来缓解员工的焦虑和压抑，释放员工大脑中的多巴胺，将成为管理者思考的核心命题。

最后，消费主义影响下的员工更加关注个体主义，以自我为中心，反对自我束缚和个性压抑，信奉个人至上，强调个人权利，追求个性解放。

这也对管理者提出了新的管理要求。

总之，崇尚独立、自主，过分关注个体主义，必然导致个体对于组织的离散程度增加，组织归属感弱、认同感差和职业倦怠已经成为员工的常态。如何让追求独立的员工承担更多的责任？如何在组织内部给予员工充分的关注？如何利用工作机制和管理规则缓释员工的焦虑和压抑？如何让以自我为中心的员工满足一致性的组织诉求？这些都为管理工作带来了更大的难题，也正是本书需要探索和解决的管理困惑。

（三）从信息时代走向智慧时代

从社会思潮的视角，再次回到技术本身，不远的未来，由物联网、云计算、大数据等信息技术构成的智慧网络世界，连同协作机器人和工业 4.0，将彻底颠覆商业社会的运行规则。物联网将各类信息传感设备布置在各类物体上，所有的物理设施都将变得可以“说话”，物与物之间、人与人之间、人与物之间，将变成一个密不可分的整体。道路、楼宇、管道、车辆、人类、动物植物等各种状态信息都将通过信息传感设备对外传递出来，所有的“信息流”将通过互联网连接起来，形成一个物联网，进一步借助大数据、云计算等技术，通过对信息的分析和管理，所有的事情都变成富有“生机”，一切都变得数字化、智能化、可视化、标签化。

“智慧时代”的人工智能、物联网、云计算、生物工程等技术与以往替代人工的机器有着本质不同，他们是人与自然、人与人、人与机器人的一次颠覆与重构。越来越多的企业开始采用人工智能工具和机器人技术，过去三年全球 1 000 多家新兴的人工智能公司，收获了 60 多亿美元的投资，这些投资范围涉及运输、医疗、金融等多个专业领域，甚至包括人力资源。

无人零售、智慧电网、金融e化、智慧交通、工业4.0……在智慧时代，简单、重复的体力劳动将被机器所替代，银行柜员、邮递员、收银员、售货员、司机、翻译、打字员、接线员、前台、图书馆管理员等，这些无需天赋，单调重复性的劳动，都有可能被取代。

科技革命给各行各业都带来了无比巨大的冲击，在这种智慧化能量的冲击下，行业之间的边界变得模糊，行业内部运行规则受到颠覆，传统工作岗位和方式由人与人的协作开始演变为人与机器的协作分工，社会关系的构成内容也发生了新的变化，商业规则演变为以最新科技为基础、以消费者为导向、以人才满足客户需求为中心的思路，重构商业价值。

例如，京东和亚马逊构建的无人仓库可以节省上万名劳动力，可口可乐曾利用自助机的数据进行分析是否需要推出樱桃口味的雪碧。德勤、摩根士丹利都为其财务顾问配备了具备机器学习算法的人工智能机器人，从而促使员工能够更加专注于客户服务。

在日常管理领域，人工智能通过识别人脸和性别、识别语音语意、测试谎言和测评认知能力等方式，用以提高面试甄选、员工发展路径选择、领导力培训等效果。通过人工智能开发的机器人，不仅可以同求职者交流，为视频面试打分，甚至可以根据员工日常的情绪表现，判断组织整体敬业度，这些数字时代的新技术应用，都对日常管理工作提出了新的要求和思路。

如果说管理学的历史从工业革命起才翻开新的历史华章，信息革命推倒了组织的高塔，使得组织更加贴近客户，更加扁平化和全球化的话，那么大数据、云计算、物联网、移动互联网、人工智能等技术性进步就将谱写管理历史中的辉煌协奏曲。在这场空前的智慧革命中，人类社会的运行规则、商业社会的逻辑结构、公司、部门甚至团队的运行方式都发生了颠覆式的变化。

随着人工智能技术的不断成熟，操作性岗位将逐渐被机器替代，留下来的员工多以知识性、创造性为主，如何有效地激发这类员工的工作激情，越来越值得思考。

当然，也不用非常担心，新技术不是直接替代员工，而是改变了员工利用新技术所需的技能和要求，这一改变就要求管理者重新思考“工作架构”，通过对工作进行基本元素的拆分，思考如何利用“人＋机器”的模式完成工作要求，当然，面对新环境，组织的运行方式和日常管理模式也需要重新思考和构建。对于智慧时代的员工而言，他们更加崇尚自由，极端个性，蔑视权威，更具创新性和创造力，更关注平等、开放，而且他们工作的目的始终是实现自我价值最大化。

总而言之，无论技术更迭、商业变革或是社会潮流的转变，都对员工的整体需求和特点产生了深远的影响。作为管理者，想要找到打开员工“心门”的钥匙，可能还需要从当下时代员工整体的诉求和特点入手，突破传统的组织界限和管理模式，不断寻找员工的“兴奋点”，激发他们高效地工作。

二、新时代员工的“真相”

（一）民主的时代环境和自由的信息时代

任何由技术驱动的社会变化，物和物的关系只是起点，人和人的关系才是终点，互联网时代后工业文明已经初露端倪，在全球化背景和互联网迅猛发展的今天，所有管理者都面临着一种新个人主义(individualism)的趋势，个人比以往有了更多的机会改变自己，重构自我认知体系。由于信息的充分沟通，新时代的员工更懂得如何快速高效地获取信息、增进知识，这就意味着管理者不得不面对一群极为聪明的员工。在过去，管理者可以以自己的经验指导甚至训斥员工，现在则不同了，如何有效管理员工成为最大的难题。

事实确实如此，当下很多员工热衷于研究星相运势，喜欢“宅多”过聚会，路过有镜面反射的地方会关注下自己的容貌，手机屏保和头像用段时间就换……凡此种种，都预示着一种新个人主义与自我认同时代的到来。伴随着消费物资和财富的充裕，新个人主义极大地延展了员工的独立文化和价值属性，也在主流价值观之外，诞生了需要亚文化。

在互联网思潮的推进过程中，由于信息的自由流动，基于兴趣的群组不断构建链接关系，形成了独属于自我群体的亚文化，并随着互联网的广泛传播，这种亚文化再次强化，反过来又影响了互联网甚至整个商业社会的发展。移动互联时代，在社会主流价值体系之下，衍生了许多亚文化，其中极具典型的有“非主流”“小清新”“小资”“森林系”“二次元”“小时代”等。

（二）员工群体的四大变化

随着新技术和商业模式的推进，外部环境不断发生变化，也影响着员工主体的变化，总结起来，我们认为主要包括四个方面的变化：知识型员工成为主体；数字化时代对个体力量的尊重；员工参与感增强；新生代员工走上历史舞台。

新时代背景下企业之间的竞争，逐渐变成了企业核心技术和知识之间的竞争。知识的创造、利用与增值，资源的合理配置，最终都要靠知识的载体——知识型员工来实现。

知识型员工，是德鲁克提出的概念，因其独特的价值创造方式，使得人成为价值创造的主体，而知本同资本一样，成为价值创造的源泉。与非知识性员工相比，知识型员工在个人特质、心理需求、价值观念以及工作方式等方面有着诸多的特殊性（见表1-3）。

表 1-3 知识型员工的特质和表现

知识型员工特质	知识型员工表现
具有相应的专业特长和较高的个人素质	学习好，专业知识和技能高，较高的个人素质，开阔的视野，强烈的求知欲，较强的学习能力，宽泛的知识层面，以及其他方面的能力素养
具有实现自我价值的强烈愿望	需求层次高，重视自身价值实现，热衷于挑战性、创造性的任务，做事力求完美，渴望实现自我价值
高度重视成就激励和精神激励	成就激励导向，格外注重他人、组织及社会的评价，渴望社会的尊重和认同
具有很高的创造性和自主性	创造性思维，不断形成新的知识成果，更倾向于拥有宽松的、高度自主的工作环境，注重自我引导和自我管理，不愿意像操作工人
强烈的个性及对权势的蔑视	个性突出，尊重知识、崇拜真理、信奉科学，蔑视权威。传统组织层级中的职位权威对他们往往不具有绝对的控制力和约束力
工作过程难以实行监督控制	无固定工作流程和步骤，随意性、自主性强，传统的操作规程对他们没有意义
工作成果不易加以直接测量和评价	工作成果常常以某种思想、创意、技术发明、管理创新形式出现，不具备可直接测量的经济形态
工作选择的高流动性	拥有较高的职业选择权，对工作的吸引力要求比较高，对个人成长机会和发展空间比较在意

数字化时代个体主义的崛起，人才成为价值创造的源泉，员工不再是工具，不再依附于企业，人与组织的关系进行了重构，组织是平台，为员工提供基础和资源，帮助个体实现自身的梦想，通过价值的释放来获得各自的价值。

员工参与感增加也成为一大趋势，员工需要知道企业的决策过程，要提出自己的建议，希望自己的创造能够得到实现。针对员工参与增强的现状，管理者应该构建场景，增强员工的参与感，同时打造仪式感，增强体验感，这些都是管理者在日常管理中需要探索的命题。

此外，最大的改变就是，新生代员工逐渐成为员工主体（新生代员工，指的是出生于 1990 年以后，年龄介于 20～32 岁的拥有大专以上教育程度的企业中的年轻知识型员工，他们已经逐渐成为商业社会的生力军）。1980年出生的员工，现在已经接近40岁，1990年出生的员工，现在也接近30岁了，不知不觉间，“90后”成为企业员工的主体，无论是“垮掉的一代”也好，还是“希望的一代”也好，作为管理者都不得不正视“90后”新生代员工的独特特质。

总而言之，员工主体变化影响了企业人力资源管理方式的变化，知识性员工成为共治共享的企业价值主体后，就要求管理者真正转变对人才的态度。尊重个体、构建场景、增强参与感，打造最佳雇主体验。

（三）新生代员工的“真自我”

新生代员工，其父辈经历过生活的磨难之后，恰逢“计划生育”国策的普遍推行，绝大多数是独生子女，且存在普遍意义上的“小皇帝”“小公主”。因此，在成长的过程中，他们往往是整个家庭的中心，父辈在提供丰厚物质保障的同时，也逐渐开始盛行民主的教育方式，同时，全国陷于追求财富的热潮之中，忘却了法制，抛弃了信仰，整个社会都处于浮躁、功利的氛围之中，这些，都导致了新生代员工自我、个性、藐视权威、崇尚自由、追逐梦想的特性。

2000年，中国加入WTO，国际交流日趋频繁和深入，欧风美雨、日潮韩流，通过各类渠道在坊间蔓延。新生代员工从小就接触互联网，作为网络原住民的他们，成长于信息化、网络化时代，获取各类信息的渠道更加多样化，视野也更加开阔，接受新兴事物的能力更强，当然也更容易受到互联网的冲击。

随着互联网的普及和新媒体技术的发展，新生代员工彻底成为推动微时代发展的主力军。个体获取信息的渠道更加广泛，不同于过往只通过电视、报纸、传媒等获取信息，随着博客、微博、微信等即时通信和传播工具的出现，互联网时代的信息愈发自由流通，使得他们养成了自己独有的亚文化体系和性格特征。

(1) 思想早熟,极具批判精神,藐视权威。由于网络的广泛应用和教育民主化程度的提高,在接受大量信息之后,使得新生代员工的思想更加早熟,对事物有自己的见解,不轻易盲目认同,喜欢表达自我,自信心强,喜欢认可,不喜欢惩戒,不迷信权威,富有怀疑精神。

(2) 个性张扬,承压能力不足。新生代员工思想活跃,想法新颖,充满激情和梦想,喜欢标新立异,以自我的方式来获得社会的关注,创造力惊人,不喜欢约束,所以,一旦能够找到自己热爱的事业,能够迸发极大的工作热情,同时也能创造巨大的工作成就。

(3) 时代感强。在互联网时代,信息变得更加开放和透明,网络的边界模糊和低成本,使得新生代员工能够方便快捷地接受和吸收各种新生事物。由于掌握了利用网络获取信息和知识的本领,同时搜寻信息的渠道非常多元化,他们更容易受到各种文化思潮和流行文化的影响。

新生代员工具备强烈的个体感,渴望建立保护个体权利的利益规则,他们认为群体或者组织存在的目的只是为了保护个体的利益,不屑道德绑架,独立、自主,在个体完善的前提下,行使公民的基本权利,共同推动社会进步准则,提倡人权、法律、物权,强调公民权利、公平平等。

北京市教委、北京大学、清华大学等高校发布的《大学生职业适应状况调查报告》显示,职场新人有六成是“闪辞族”,三年内变动两次以上的员工占比57%。新生代员工走向商业舞台,必将给组织旧有的价值观和工作模式带来极大挑战。

与传统型员工不同,新生代员工步入职场后,在职业发展过程中,首先思考的是自己,一方面希望学到的知识在工作中充分发挥,另一方面也希望自己能够快速提高工作能力,提升职场竞争力。因此,在组织层面,新生代员工更期望有能够发挥自我的舞台,实现自己的价值。

新生代员工因为其家庭背景和社会环境的不同,追求平等公平的意识比任何一代人都强，因此在工作岗位上更加容易质疑权威。在组织中，时常挑战其他人的做事方法和流程，自我意识表达强烈，并希望组织和同事能够认同和采纳，由此，“管不了”“不好管”已经成为管理者的共识。

新生代员工进入职场唯一不能妥协的就是兴趣，随着“90后”逐步踏上工作岗位，好工作的标准已经从“追求物质成功”，逐步转向“工作幸福、生活快乐，能够相互尊重”等标准。新生代员工的择业标准，变兴趣为目的，为梦想而奋斗，更多地聚焦在自己喜欢的事情上，以及由此而带来的成就感。“90后”职场新兵的特点，如表1-4所示。

表1-4 “90后”职场新兵特点大剖析

维度	喜欢什么样的工作	憧憬什么样的职场	不同的面试表现	择业的条件	与上司意见不合时	更喜欢的求职形式
自高到低	对职业发展有帮助的	拥有愉快的工作氛围，员工都能成为朋友	极力表现与众不同	薪酬待遇比较高	与领导进一步沟通，表明自己想法	网络投递
	好玩的，有意思的，符合自己兴趣的	发挥员工的个性，做到人岗匹配	强烈的反叛意识	公司地址比较近	表面不说，背地照旧行事	亲友介绍
	不影响生活的弹性工作	能够实现自己的职业抱负和理想	经历造假	没有工作压力	和领导摊牌，不行就走人	校园招聘会
	企业重要环节的岗位	给予员工足够的表扬	情绪波动比较大，采取过激的行为	人际关系简单	当场反驳，不留情面	现场招聘会
	助理等方面较清闲的工作	实行轮岗作业，不断创造新鲜感	嫉妒心很强	公司环境干净、时尚		中介机构介绍

（摘自英才网联联合腾讯教育等多家网络媒体特别推出“‘90后’职场心态调查”。）

区别于传统型员工的“大时代”，新生代员工有属于自己的“小世界”（见表1-5）。

表 1-5　新生代员工与传统员工的区别

类别	60s 员工	75s 员工	80s 前员工	新生代员工
特点	稳定	服务	适应性	乐观
	注重细节	自我驱动	技术	科学技术
	坚韧	人际关系	独立	创新
	忠诚	帮助人	藐视权威	独立
	勤奋	团队合作	创造力	自我

仔细研究，不难发现，在新生代员工的“小时代”里，同传统型员工的需求有着大不同。

员工激励的期望值日益多元化，员工对职业生涯、工作自主、生活和工作的平衡的呼声强烈，直接的经济激励边际效用迅速下降。

对激励公平性充满渴望，过程公平的重要性甚至超过结果公平，而员工也普遍认为现有激励过程缺乏公开透明化。

组织对于员工的激励要及时，新生代员工稳定性下降，流失率增加，激励周期将变得越来越短，不仅要求激励合理，而且要求激励及时，否则，很难实现持续发展。

通过对比两类群体的不同，对于管理者而言，或许有更多的借鉴意义（见表 1-6）。

表 1-6　新生代员工与传统员工的特点和需求对比

新生代员工特点	新生代员工需求	传统员工特点	传统员工需求
对科技的领悟性强	高素质的同事	对新事物接受能力弱	稳定的组织
心理承受能力较弱	良好的工作环境	心理承受能力强	和谐的同事关系
对即时性有要求	获得新体验和新挑战的机会	能够忍受长期回报	发展的前景
有创业精神	发展的前景	有团队精神	金钱激励
以自我为中心	公司或雇主的认可	以组织为中心	能力提升

（续表）

新生代员工特点	新生代员工需求	传统员工特点	传统员工需求
寻求灵活性	弹性的工作日程	需求稳定性	公司认可
价值取向多元化	稳定的提升速率	价值取向单一	弹性日程

也许因为外部的环境变了、员工的主体变了，管理者的思路也变了，最近几年，基于自由选择权的人力资源管理开始流行，弹性工作制、弹性福利包、自主选择工作内容及绩效目标，都成为企业吸引优秀员工的利器。然而，这些措施显然是不够的。面对多变的环境和多样的员工主体，在VUCA时代，解决新时代员工激励困局，更需要全面且系统的思考，管理者不单单需要转变做法，更重要的是转变思维。

第二章 员工激励困局的解决思路：走向全面薪酬激励

本章导读

经济的快速发展，物资的不断丰裕，单纯的物质激励手段呈现边际效用递减趋势，如何有效激励员工，成为管理者最大的管理困惑。管理者要首先提升管理思维，结合新工具，创造全面薪酬激励模式。

知识重点

边际效用递减、后福特主义、量子思维、心流、阈值、多巴胺、全面薪酬激励模式

一、管理者的困惑：物质激励到底还有没有用？

改革开放40年，是国民财富暴增的40年，先是"小学肄业生十几套房，不知努力学习为何故"引起争议，后有"张江保洁阿姨600万元投资创业公司，只因喜欢家一般的氛围"议论纷纷。随着物质的丰裕，管理者发现员工对于工作的态度发生了根本性转变，不禁发出感叹，物质激励到底还有没有用？

过去工作是机会，是唯一，是生存的根本，现在工作只是平台，释放价值还要靠个体；过去期望"钱多事少责任轻、位高权重离家近"，现在则

期望高素质的同事、良好的工作环境、获得新体验和新挑战的机会；过去员工更关注当期的利益回报，而现在的员工更关注发展的前景和稳定的提升速率；过去员工关心“钱”的多少，现在员工还关注公司的认可和弹性的工作日程。

这些转变都表明员工对于激励的期望值日益多元化，传统的物质激励边际效用逐渐递减，员工对于职业发展、工作自主化、工作与生活相平衡的诉求越来越强烈。进入数字化与智慧时代，员工对于激励的即时性要求越来越高，激励周期变得越来越短。同时，大数据的广泛采集，员工个性化需求得到满足的呼声也越来越高，这些都对管理者如何使用激励工具提出了更高的要求。

员工需求增加的同时，也展现了其他的独特特质，行业内曾经对互联网企业的管理者针对“90 后”员工的工作特质进行调研，排名比较高的典型职业特质，如表 2-1 所示。

表 2-1　互联网企业管理者印象比较深刻的“90 后”特质

典型职业特质	样本占比
耐受挫折能力较低、容易情绪波动	63.5%
你给我多少工资，我就做多少事，多余的我愿意就做，不愿意也没有义务贡献	45.6%
有创意，活力，常在工作中体现出“90 后”特有的想法和语言	45.2%
敢于表达心中的想法，对薪资、工作环境、员工福利、公司文化等有自己的要求，不喜欢随大流	42.4%
好奇心强，容易接受新鲜事物	39.1%
富有自信心，张扬自我个性	34.0%
获取信息的方式较多，见多识广，比较难忽悠	17.8%
其他	1.2%

单就目前而言，对物质激励是否过时和失效其实很难下定论，因为企业和企业模式不一样，员工和员工的诉求也不一样。在物资匮乏的年

代，靠物质激励员工去工作是没有问题的，而且并不会破坏员工的内驱力。然而，到了物资丰裕的新时代，物质激励作为外部奖励，既会出现“边际效应递减”现象，也会因为外部奖励的“挤出效应”而降低员工的内在动机。

“边际效应递减”是经济学上的规律，指的是在一定时期内，如果一个人连续获得某类物质，那么，随着拥有物质的数量越来越多，他却会感觉到，获得的愉悦感越来越少。也就意味着，在初期，物质激励的效果比较明显，随着员工的心理预期逐渐稳定，阈值不断升高，激励效果就会因为“审美疲劳”而变得越来越差，甚至会出现物质激励与工作动机之间呈现“倒 U 型关系”（见图 2-1）。

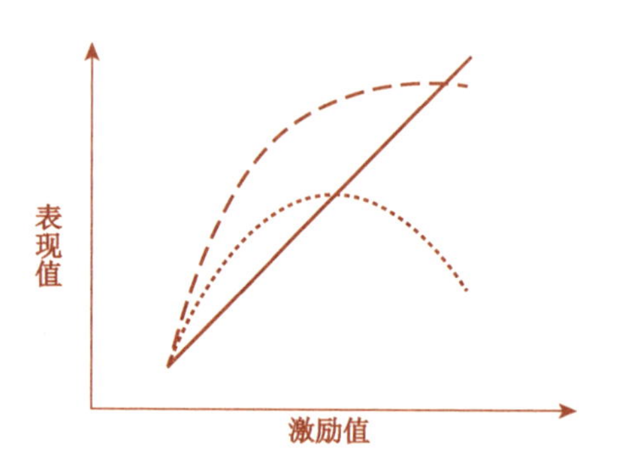

图 2-1　边际效应递减之“倒 U 型”关系

这样的观点，在心理学中同样得到了验证。传统的行为主义学家认为，行为应该归因于对外部刺激的反应，其中最典型的研究是巴甫洛夫的条件反射和斯金纳的强化试验。行为主义心理学认为，增强外在动机是激励人们做事情的途径，系统地运用奖励或惩罚措施将会制约或加强对进一步的奖励或惩罚的预期。基于这种理念的激励机制，在标准的工业化时代得到了广泛应用，比如加薪、奖金等奖励，以及降职、开除等处罚，这些激励和约束规则清晰且有效。

当然，也有不同的观点和声音，认知主义者爱德华·德西和理查德·瑞恩更加关心员工的头脑中到底发生了什么，也就是关注员工内在动机的形成，并基于此提出了自我决定理论。自我决定理论认为人类本质上是积极的，并且具有强大的、发自内心的发展欲望，当然，外部环境必须支持，否则将会阻碍这些内部激励的发生。

要注意的是，因为存在“挤出效应”，外在动机往往会排挤内在动机，哪怕在执行一项有趣的任务时，当物质奖励提供的外在动机切实发生的时候，员工的内在动机就会慢慢消散。大脑会因为物质奖励的持续发生，将其当作一种沉没利益，最终带来微不足道的满足感。

目前已经有很多企业意识到了这一点，并作出了相应的转变。曾连续多年位居全球最佳企业雇主排行榜首位的谷歌有免费的咖啡和美食，有乒乓球桌和按摩椅，还有人人羡慕的现代化、舒适的办公空间，甚至还有众所周知的“20%闲暇时间”的自由工作机制。当然，谷歌并不认为他们是在为员工提供美妙的福利，他们认为自己只是在为一群酷爱创新的员工提供了一个由他们主宰的乐园而已。谷歌还为员工协作提供了各种支持，如自组团队机制、跨团队 transfer 机制等，让 Googler 可以灵活地组织各种资源以完成他们的创意和设想。如果想对公司的任何领导提任何问题，很简单，你可以直接发邮件，也可以用 TGIF、各种内部网站和邮件讨论群、Google+、GUTS、FixIts 等数不清的方式对任何人说出你的想法。这样的组织环境，确实激发了员工的工作激情和创造力，作为回报，谷歌得到了众多有价值的创意，比如 Google 无人驾驶汽车、Google 眼睛和 Google 艺术计划，都来自谷歌独特的自上而下的创新驱动机制。

国内互联网巨头腾讯也有其独特的管理理念，在内部员工看来，高薪不是一切，广阔的发展空间、温暖的公司文化和丰厚回报是腾讯吸引人才的三大必杀技。腾讯信奉“用对待用户的心态来关注员工”，用做产品的理念来建设文化。对于从外部引进的高尖端人才，腾讯在其进入业务部门后，会指派更高级别的管理者或业务骨干担任导师。用圣诞晚会、“Q歌Q魅”、嘉年华让公司文化理念从“假、大、空”变为“温、暖、真”。针对员工提出的安居计划、长期激励、家属开放日、Q宝宝靓号、中医问诊等福利措施更是让同行们眼红心酸。

曾经一度火爆年关的“度娘”，让百度成为技术宅们最向往工作的公司之一。实际上，这不过是百度人才号召力的外溢表现之一。对百度来说，“始终保持25岁心态和创造力的‘年轻人’”是公司希望瞄准和把握住的“关键资产”。为了搭建一个激励人才不断成长的上升机制，除了常规的人才培养和晋升机制外，百度还设计了各种项目和竞赛，鼓励员工跨部门、跨职能的创造活动，例如，“100万美金最高奖”“coding party——Hackathon”（编注：“编程趴——黑客松”），ST技术大赛等比武活动等，为的就是让每个人都有机会展示自我，让别人亮瞎双眼，让真正有能力有贡献的人能获得相应回报，只要证明你的优秀，一定会有回报。

阿里巴巴公司的价值主张则是成为一个让员工追求梦想的快乐社群，包括三个部分：梦想（创造历史，创造财富）；开心社群（蓝蓝的天、踏实的大地、流动的大海、绿色的森林、和谐的社区），如表2-2所示；开心人（让工作充满乐趣）。

表2-2 阿里巴巴所要提供的工作环境

蓝蓝的天	制度和决策要透明，公司没有任何东西不能和员工分享，公司所做的决策是员工能明白和理解的
踏实的大地	我们的任何产品和服务都是对社会有贡献的，是合法合理的，让员工觉得踏实。公司必须有稳定的财务基础，这样员工就不会乱了
流动的大海	人才必须能够在各子公司和部门间流动
绿色的森林	一个有助于创新的氛围，要不断有新鲜的空气进来
和谐的社区	同事间志同道合，有共同的价值观，使人际关系简单和谐

这些理论和最佳实践，对于管理者的启示在于，物质激励只是基础，

同时要想办法激发员工的内在动机，比如激发员工的工作兴趣、赋予具有挑战性但不至于难度过大的工作等。也就是回归工作本身，重新设计工作任务和模式，给予员工积极表现的工作环境和机会，让员工真正感受到工作的快乐，让工作成为工作本身最大的回报。也许，这才是本书所要探讨的激励模式。

二、管理者的一度修炼：思维升级

（一）后福特主义影响下的管理新思维

没有成功的企业，只有时代的企业。管理也一样，没有有效的管理，只有时代的管理。在数字化智慧时代，作为管理者，想要迎风踏浪，首先还应该从思维升级开始。思维升级的第一步是承认传统的工业时代及其管理思维已经过去，当下需要寻找新时代下的管理思维。

福特主义时代，商业社会提倡泰勒的科学管理，认为员工应该像机器一样精准，人性要为商业理性服务，人就成为生产中的一个环节，其作用无异于一把标尺、一个螺丝。随着福特主义到后福特主义时代的过渡，梅奥进行的“霍桑试验”，最初的目的是根据科学管理原理，探讨工作环境对劳动生产率的影响，本意是为了提高商业理性以提升组织最大产出，只是，结论出乎所有人的意料。1933 年出版的《工业文明的人类问题》更是结合心理和社会因素对于工人劳动过程的影响，提出了著名的“人际关系学说”，开辟了行为科学研究的道路，从此，“经济人”的假设逐步过渡到了“社会人”的假设。员工作为重要的个体，开始受到组织的不断重视，由此不断发展演变出各种组织管理、组织行为等管理学的价值理论工具。

霍桑试验强调金钱并非刺激员工积极性的唯一动力，新的刺激重点必须放在社会、心理方面，以提高合作效率并提高生产率。梅奥认为，生产效率的提高，关键在于员工工作态度，即工作士气的提高，而士气的高低则主要取决于员工的满意度，这种满意度体现为人际关系，如在企业中的地位是否被上司、同事和社会所承认、认可等。

同样，查尔斯·汉迪认为对于未来财富和地位的期许并不能激励创新性人才，他们更需要的是能为之奉献自我的事业、自由的空间，以及创新的机会等。

正如互联网技术的发展一样，虽然二十世纪三四十年代霍桑试验就解释了“生产效率主要取决于员工工作态度以及他和周围人的关系”，玛丽·帕克·福列特也呼吁“人是任何商业活动的核心，领导应该使被领导者得到自由”，但真正在企业中把员工当作真正的人才来尊重的行为，经过了几十年之后，终于随着新生代员工独特的职业特性，倒逼着管理者不断进行管理方式的自我革新，这在严格意义上讲，也是一种时代的进步。

当然，互联网思维是相对于工业化思维而言的。随着社会物资的丰裕，以满足个性化需求为目的、以信息和通信技术为基础、生产过程和劳动关系都具有灵活性的后福特主义开始登台亮相，而当下社会推崇的互联网思维，其实，不过是新科技革命下，后福特主义的延伸而已。

后福特主义的主要特征，如表 2-3 所示。

表 2-3　后福特主义的主要特征

特征	表现	对于管理者的启示
个性化需求与大规模定制	通过大规模定制来满足不同类型的产品和服务需求日益增加	个性化服务清单和跨组织的共享服务平台
水平型组织形式	通过细化产业分工使各企业专注某一产品或服务，垂直管理被水平管理取代	打造赋能式平台化组织，激发个体
消费者主权论	丰裕经济下，满足消费者的需求成为企业发展的第一目的	提出人才客户化，针对核心人才定制化开发激励工具

（续表）

特征	表现	对于管理者的启示
新水桶理论	企业将自己的特长发挥到极致，通过强强联合的方式获取竞争优势	寻找最优秀的员工，给他们提供最满意的服务
竞合思维	通过分工与协作创造价值	不求人才多有，但求人才所用

由此可见，后福特主义影响的新思维，是相对于工业化思维而言的。这是一种商业民主化的思维；是一种用户至上的思维。这种思维就要求管理者具备尊重个体、释放活力。

（二）量子世界：全面系统地看问题

技术从未停下前进的脚步，技术的进步在不断推进着社会的进步，人们对于社会本质的理解也在不断加深。这两年关于未来世界的探讨有很多，不断冲击管理者既有的认知，从而促使管理者去思考：激励管理的本质是什么？我们应该采取什么样的激励方式才能取得更好的激励效果？

深入探求之后，其实组织与管理的本质从来没有变，激励问题的本质也没有变，只不过随着世人认知的不断延伸，在新科学的视角下，我们越来越接近真相。

过去的组织理论源自牛顿力学的机械世界观，认为世界是静止的，构成世界的各个要素是相互独立的，彼此之间最小的划分是以物质为单位计量的，最小的物质单元之间充满界限，相当于两个最小计量单位之间对应的都是“空”。随着科学的发展，人们发现亚原子世界里充满着无法用牛顿定律解释的现象，由此而来的量子力学所揭示的世界观对我们当下所做的众多基本假设提出了挑战，包括我们对关系、联系、预测和控制的认识，也促使我们更加清醒地理解本质。

在量子的世界，系统内各关联要素不是静止和独立的，而是充满了有机联系，这些基本观念的转变，当解释管理者面临的激励难题时，显得尤为贴切。

以测不准为例。当组织假设员工敬业度出现问题的时候,会采取相应的测量方式去界定和验证问题,而测量过程发生了以后,员工的敬业度已经展现不同的表现形式,也就是不满意情绪在测量动作作出以后,就有所削减。所谓叠加态,以激励问题为例,员工感知企业的激励方式出了问题,可能不单单是薪酬体系出了问题,有可能是评价体系、经营体系,甚至业务体系出了问题,企业表现出的问题是叠加的,所以要系统地、全面地、动态地思考问题,而非静态地、局部地思考问题。

再以二象性为例,量子观测到的既可以是波,又可以是粒子,波粒二象性对于过去静止的世界观产生了极大的颠覆作用。在企业内部也有很多二象性的现象,比如人是手段还是目的? 既有以人为手段,通过利用人性而获取商业成功的华为;也有以人为目的,通过化小核算单位、平台化转型而实现商业价值的海尔。

管理者转变量子思维,不是为了跟风,而是为了更深层次地理解世界。这个世界从来没有变,只不过我们变了。更深入地认知这个世界,不是为了改变世界,而是为了改变管理者自己。

(三) 体验至上:心流、阈值和多巴胺

提及员工的体验感与参与感,需要介绍一下“心流(flow)”的概念。心理学家米哈里·希斯赞特米哈伊发现,当人们处于专注进行某种行为的状态时其所表现出的心理状态,通常是不愿被打扰,即抗拒中断。

简而言之,心流的定义是一种将个人精神力完全投注在某种活动上的感觉;心流产生的同时会有高度的兴奋感及充实感。米哈里认为,使心流发生的活动具有多样性。例如,人们倾向于去从事的活动;人们会专注一致的活动;有清楚目标的活动;有立即回馈的活动;人们对该项活

动有主控感；人们在从事活动时的焦虑感会降低甚至消失；主观的时间感改变；不断优化的障碍等。

基于此，有实践者开发了基于“心流”的“游戏化管理模式”。倡导“游戏化”管理的管理者认为，游戏化管理目标明确，每当员工完成任务时，他会得到相应的奖励分数，这导致了多巴胺的分泌，让员工感受到快感。人类的生理机制总是在不停地追求多巴胺，从而促使员工热衷于探索和尝试新的工作任务。这个原理类似于“阈值效应”，给予的奖励和任务都会改变员工大脑中的多巴胺水平，使其上瘾。

对比心流的必需条件，如完成任务、集中精神、明确目标、获取反馈、全情投入以及掌控行为，我们不难发现，在日常的管理工作中，其实有机会将工作打造为游戏化的任务关卡，通过对员工自身“心流”的不断激发，从而提高员工的工作热情。

无论是后福特主义的民主化、尊重个体、用户至上，还是量子思维的全面、系统、多关联，抑或是心流的快感、多巴胺、游戏化，其实都是希望管理者能够在组织环境和员工主体发展变化的前提下，通过转变管理思维，来应对不断出现的管理挑战。当然，激励的问题是复杂且系统的问题，仅仅靠单一的激励方式，显然无法解决各异的员工诉求，这就要求管理者从单一走向全面，探索全面薪酬激励模式。

三、从单一走向全面：探索全面薪酬激励模式

（一）找到员工心理预期的“痛点”

无论是技术对于商业社会影响的研究，还是消费主义与后福特主义的探讨，其实都是希望管理者能够明白，员工的需求已经变了。表 2-4 列出了最吸引“90 后”知识型员工的管理特质。

表 2-4　最吸引"90 后"知识型员工的管理特质

最吸引"90 后"知识型员工的管理特质	占比
倾听下属意见	57%
下达任务明确	45%
重视下属职业发展	43%
体谅下属	41%
公平公正	39%
花时间辅导下属	35%
让下属参与管理决策	33%
鼓励和表扬下属	30%

（资料来源于网络 http://mp.weixin.qq.com）

在客户员工化、员工客户化的今天，管理者要放下身段，改变传统的激励方式，具体而言，管理者需要做到以下五点。

1. 人才主导与人才优先

管理者要崇尚人力资本价值导向，放下身段，深入员工内部，挖掘员工内心真实想法，真正将员工客户化，通过认可和激励的方式，真正将员工视为企业的第一价值。

张瑞敏曾无数次强调，"员工第一"是落实"顾客至上"的根本保证，如果员工心情不愉快，怎么能善待顾客？要善待下属，把 80%的命令变成培训，把 90%的批评变为鼓励、欣赏和赞美。要教会员工怎么做，为什么做，同时也要少批评、少指责，多欣赏、多赞美。关心下属，善于察言观色，要像对待家人一样去呵护、关爱你的下属。经理带头关心主任，主任主动关心员工。职能科室制定规章制度要先从员工的角度上审视，不能只考虑自己执行的方便。员工违规，先认为他有问题，从员工的角度出发，把一切其他因素都排除后，再认定他是否违规，这样员工才能心服口服。欢迎、重视员工申诉，员工申诉，说明企业有宽松的成长环境，要允许员工发牢骚、发脾气，如果员工在你面前唯唯诺诺，阿谀奉承，背后就会烦你，看不起你。各级管理人员要严格要求自己，尊重、理解他人。从严要求也是爱，像严父对待孩子一样，只有爱字当头，从严要求才有效。

2. 去管理权威

在新时代的网状结构里，管理者只不过是职责所在，而非职权所在，因此要去行政中心、去管理权威，将权利赋予一线员工。

3. 搭建服务平台，服务“内部客户”

随着人与人沟通的距离和成本趋于零，信息的对称与信息的透明，使得企业的管理层级不断蜕化，而作为管理者，在推行网状组织架构、倒三角经营、去管理层级的同时，也要辅以相应的后台支持部门。这就要求传统的后台部门取代传统的矩阵结构，变为大平台结构，将管理部门作为服务平台，为企业内外部客户、不断创造价值。

外卖 O2O 网站“饿了么”，成立几年时间内，借着移动互联网的东风，便实现了日订单百万元，而与此同时，整个团队也迅速扩张至几千人。由于团队成员都是从大学毕业就开始创业，基本毫无工作经验，所以没有任何传统企业管理的思维负担，这使得饿了么的公司构建非常富有想象力，基本上涵盖了互联网公司最新潮的管理元素：扁平化、游戏化、自主化以及强大的 IT 系统。确保他们快速发展的保证，就是名为“发改委”的内部机构和两套 IT 系统。

名为“发改委”的内部机构由联合创始人康嘉牵头，抽调各部门人员共同组成管理服务平台，同时，“发改委”还承担着饿了么价值观和方法论的建设，在数据结果之外，考察员工的价值观和方法论是否与组织一致，同时还推出了课程和手册，以方便传播。

扁平化的组织中，对于一线地推团队的管理，则是依靠 Walle 系统，饿了么使用的销售协同 CRM 系统。基于数据管理的 Walle，借鉴了 NBA 的数据管理系统，将员工进入饿了么的工作时间、业务量、业务增量、部门领导、谈判商家等所有同业务相关的数据，用数学模型进行计算，每周和每月公布各种维度的对比，以此来激励员工。Walle 甚至会记录城市经理组织的每一次会议内容。就如同 NBA 对待篮球比赛一样，谁是 NBA 联盟二年级球员中第二年助攻失误比例最低的，都可以轻易计算出来。当一个城市经理带领的三个区域经理中有人升职了，城市经理管理能力上就会得到数据提升，Walle 使得所有细微的业务状况都会变成数据传输到总部，每个区域的经营状况、明星员工、金牌教练，一目了然。

4. 绩效考核导向变为价值创造导向

在数字时代，企业从目标导向逐步过渡到了价值创造导向，这就要求员工自动、自发、创造性地工作，自我责任驱动力必须高于绩效目标驱动，所以要去除严格的 KPI 指标，去除单一利益驱动。

小米的绩效考核典型特点就是去 KPI，强调员工责任感。全员 6×12 小时的工作，这样高强度的工作，小米却从未实行打卡制度。小米内部员工做事，强调责任感，别人的事情永远比自己的事情要重要。

小米学习的对象则是海底捞，海底捞的首问责任制，就是赋予一线权力，甚至在面对顾客投诉或者不满意的时候，拥有可以直接免单的权力。

海底捞董事长张勇说："我们现在对每个火锅店的考核只有三类指标，一是顾客满意度，二是员工积极性，三是干部培养。"黄铁鹰问："这些指标可都是定性的，你怎么考核？比如，你怎么考核顾客满意度？"张勇回答："我们就是让店长的直接上级——小区经理经常在店中巡查，不仅是每个月，而且是随时去，不断同店长沟通，顾客哪方面的满意度比过去好，哪些比过去差，这个月熟客多了，还是少了。我们小区经理都是服务员出身，一级一级提拔起来的，她们对客人的满意情况当然都是行内人的判断。对员工积极性考核也是如此，你黄老师去考核肯定不成，因为你看到每个服务员都是笑呵呵地跑来跑去，没什么不一样。什么叫客观？我看这种用懂行的管理者的‘人’的判断，比那些用科学定量化的考核工具得出来的结果更客观，至少在我们火锅行业是如此。”

要注意的是，去KPI，不是不做绩效考核，无论小米的为客户负责，还是别人的事情永远比自己事情重要，还是海底捞的顾客满意度、员工积极性、干部培养，其实都是将绩效考核的重点方式放在提高员工内驱力和为客户创造价值层面。

5. 构建全面认可激励体系，激发员工工作热情和参与感

管理者应在企业内部提倡全面认可激励，员工所做的一切有利于组织发展、有利于客户价值及自身成长的行为，都可以得到及时认可和激励，而且可以为组织带来良好的氛围、更高的绩效产出，提高员工对组织的满意度，为员工提供优秀的企业社交网络平台，实现激励措施的多元化、个性化、长期化，提高员工的参与精神和自我管理意识，真正满足员工对于认可回报、绩效反馈、工作成长的个性化需求。

（二）从内容型激励走向过程型激励

管理，对于员工而言，最核心的两个字当属“激励”。在企业内部，如何有效地激发员工的活力，调动员工的工作积极性，是很多管理者头疼的问题，也是企业管理中的关键命题。

从经济学角度，激励理论的出发点是“经济人”假设，即个体是以完全追求物质利益为目的而进行经济活动的主体，人都希望以尽可能少的付出，获得最大限度的收获，并为此可不择手段。在早期的“经济人”假设中，人只不过是“经济动物”，个体的一切行为都是为了最大限度满足私利，工作目的只是为了获得经济报酬。在这种理念指导下的企业制度，激励多侧重物质和外在激励。

随着梅奥的霍桑试验证实：人非完全经济人，而是社会人，个体是非

孤立的，是需要社群关系的，个人的物质利益在调动工作积极性上只具有次要的意义，群体间良好的人际关系和人文关怀才是调动工作积极性的决定性因素。由此，管理学视角的激励理论开始逐步被组织认同。管理学角度的激励理论主要从需要、目的和动机等方面探索如何激发员工的积极性和工作热情。其主要理论包括需求层次理论、双因素理论、成就需要理论、期望理论、公平理论、波特—劳勒模型等。管理学视角的优势在于更多地秉持人本理念，除了实施薪酬福利、职位晋升等外在激励，还关注心理学和组织行为视角下的内在激励。事实上，这两种视角的探讨是你中有我、我中有你，无法截然分开的。

任何企业、任何组织、任何管理者与被管理者，无论接受与否，都需要研究行为背后蕴含的内在动机。管理学视角，则将这种激励问题的理论研究分为了两种：过程激励和内容激励。

所谓内容激励，即重点研究激发动机的诱因，即员工对于组织回报的哪些方面感兴趣，以此来确定企业对于员工的回报，主要包括需求层次论、ERG 理论、双因素理论和成就需要激励理论。内容型激励理论对于管理者的指导意义在于：摸清员工的个体需求偏好，制定相应的激励措施，在促使员工满意的同时，促进客户满意。

1. 需求层次理论

马斯洛需求层次理论认为人类需求像阶梯一样从低到高按层次分为五种，分别为：生理需求、安全需求、社交需求、尊重需求和自我实现需求。马斯洛需求阶梯一样从低到高，按层次逐级递升。低层级需求得到满足后，高层级需求才会出现，但是低层级需求的驱动行为的动力，就不再成为一种激励力量。生理、安全、感情的需要，都属于低级别的需求，尊重、自我实现和自我超越，是高级别追求。而且，一个人对于尊重和自我实现的需求是永无止境的，同一时期人可能有多重需求。高层次的需求发展后，低层次的需求仍然存在，只是对行为影响的程度大大减小。

在需求层次理论之后，又提出超自我实现，即巅峰体验，一个人的心理状态充分满足了自我实现的需求时，出现的“高峰经验”，通常发生在执行一件事情，或者完成一件事情时，才具备的成就感。尤其是在创造性的工作中，如艺术家在演奏音乐时，感受的“忘我”体验，或是人们在游戏获胜时，所获得愉悦体验。

2. 双因素理论

赫茨伯格提出的双因素理论认为引起人们工作动机的因素主要有两个：一是保健因素；二是激励因素。只有激励因素才能够给人们带来满意度；而保健因素只能消除人们的不满，但不会带来满意感。只有激励因素的需求得到满足后才能调动人们的积极性；不具备保健因素时，将引起强烈的不满。激励因素是以工作为核心的，主要是在员工进行工作时发生的。

保健因素主要是指公司的政策、行政管理、监督、工作条件、薪水、地位、安全以及各种人事关系等与工作环境或条件相关的因素。这些因素的改善，虽不能使员工变得非常满意，真正地激发员工的积极性，却能解除员工的不满，如果保健因素不能得到满足，往往会使员工产生不满情绪、消极怠工，甚至引起罢工等对抗行为。

激励因素是使得员工感到满意的因素，主要是工作富有成就感、工作本身带有挑战性、工作的成绩能够得到社会的认可，以及职务上的责任感和职业上能够得到发展和成长等。这些因素，能够大大调动员工积极性，提高劳动生产效率。

这些就表示，在组织运行过程中，管理者要激发员工的创造价值的意愿，就需要从满意的角度出发，不断提升员工个人的满意程度，可以使得工作富有成就感，带有挑战性。

麦克莱兰认为，人类的许多需要都不是生理性的，而是社会性的，而且人的社会性需求不是先天的，而是后天的，来自环境、经历和培养教育等。人的高层次需求归纳为对成就、权利和关系的需求。

成就动机，个体记忆中存在着与成就相联系的愉快经验，当情景能引起这些愉快经验时，就能激发人的成就动机欲望，成就动机强的人对工作学习非常积极，善于控制自己尽量不受外界环境影响，充分利用时间，工作学习成绩优异。

一些人有强烈的内驱力要将事情做到更为完美，使工作更有效率，以获得更大的成功。

成就动机理论应用在企业实践过程，即企业的使命、愿景和战略目标。这些使命和愿景，明晰了组织存在的价值和意义，同时也提高了员工的成就动机，来激发员工工作的动力和热情。优秀企业的组织目标往往就是顾客视角、志存高远和追求价值创造。例如，阿里巴巴的组织目标包括："通过发展新的生意方式创造一个截然不同的世界（梦想）""让天下没有难做的生意（使命）""分享数据的第一平台""做 102 岁企业（愿景）"。阿里巴巴的核心价值观包括：客户第一、团队合作、拥抱变化、诚信、激情、敬业。

内容型激励解决了激励方式的出发点和多样性，然而，为了让工作成为工作本身最大的乐趣，还需要解决激励的即时性与及时性，激励过程要公开透明、公平公正，这样，才能真正提高自我激励的功能。

所谓过程激励（process theory），指的是着重研究个体从动机产生到采取行动的心理过程。它的主要任务是找出对行为起决定作用的某些关键因素，明晰之间的相关关系，以预测和控制个体的行为。这类理论表明，要使员工出现企业期望的行为，须在员工的行为与员工需求的满足之间建立起必要的联系。其典型的理论包括期望理论、目标设置理论、公平理论、强化理论等。

对于管理者的日常指导意义则在于：如何将管理的手段和方式方法明晰化、公开化，如何利用管理手段，研究个体目标的选择及行为的改变与修正。在内容激励被个体认可之后，激励过程才得以开始。主要是帮助管理者明晰行为发生的过程，如何有效地进行激励行为的过程把控，最终实现激励的目的。

3. 期望理论

期望理论也称为“效价—手段—期望理论”，这种需要与目标之间的关系用公式表示即：

$$激励力量=期望值\times效价$$

在这个公式中，激励力量指调动个人积极性、激发人内部潜力的强度；期望值是根据个人的经验判断达到目标的把握程度；效价则是所能达到的目标对满足个人需要的价值。这个理论的公式说明：人的积极性被调动的大小取决于期望值与效价的乘积。也就是说，一个人对目标的把握越大，估计达到目标的概率越高，激发起的动力越强烈，积极性也就越大，在领导与管理工作中运用期望理论于调动下属的积极性是有一定意义的。

期望理论以过程模式表示即“个人努力——个人绩效提升——组织奖励——个人需求满足”。期望理论从三个方面反映激励与动机之间的相关关系，要激励员工就必须让员工明确：①工作能提供他们真正需要的东西；②他们欲求的东西是和绩效联系在一起的；③只要努力工作就能提高他们的绩效。

4. 目标设置理论

目标本身就具有激励作用，目标能把人的需要转变为动机，使人们的行为朝着一定的方向努力，并将自己的行为结果与既定的目标相对照，及时进行调整和修正，从而能实现目标。这种使需要转化为动机，再由动机支配行动以达成目标的过程就是目标激励。

目标设置的必要条件主要有两个：员工必须觉察目标和知道用什么

行为去达到目标;员工必须接受目标,即他愿意用必要的行动去完成目标。

这种目标设置理论被广泛应用于企业的日常经营过程之中,有绩效导向的、有结果导向的、有价值创造导向的,而这些目标管理的特点就是提倡员工的参与管理,提倡员工的自我控制,提倡管理者下放权力,注重成果和及时反馈。

5. 公平理论

公平理论指出:人的工作积极性不仅与个人实际报酬多少有关,而且与人们对报酬的分配是否感到公平更为密切。人们总会自觉或不自觉地将自己付出的劳动代价及其所得到的报酬与他人进行比较,并对公平与否作出判断。公平感直接影响员工的工作动机和行为。因此,从某种意义来讲,动机的激发过程实际上是人与人进行比较,作出公平与否的判断,并据以指导行为的过程。公平理论研究的主要内容是员工报酬分配的合理性、公平性及其对员工产生积极性的影响。

对于管理者而言,公平理论则要求在管理过程中能够确保前提公平、评定公正、过程公开,真正提高员工的公正积极性和反馈的认同感。

6. 强化理论

人们作出某种行为,或者不作出某种行为,只取决于一个影响因素,那就是行为的后果。强化理论提出了一种“操作条件反射”论点,认为人或动物为了达到某种目的,会采取一定的行为作用于环境。当这种行为的后果对其有利时,这种行为就会在以后重复出现;不利时,这种行为就减弱或消失。人们可以用这种正强化或负强化的办法来影响行为的后果,从而修正其行为。

管理的本质是教育,因此强化理论也被常年运用到企业的日常管理之中,尤其是针对管理规范和行为准则的职业操守培养过程。要注意的是:强化理论强调以正向强化为主,慎重采取负向强化,同时要具备强化的时效性，兼具及时性与即时性；强化的方式要因人而异，因岗位性质而异；及时沟通、及时反馈，利用信息反馈增强强化的效果。

总之，无论是过程激励还是内容激励，其本质都是为了激发员工的工作积极性、提高员工的工作满意程度，以此来提高组织价值创造和产出。

(三) 华夏基石总体薪酬模式

在各种激励理论的指导下，各个组织依据组织的发展阶段和实际运行情况，制定了相应的管理措施。管理学的视角，同哲学一样，存在即合理。不过，随着时代的发展、社会的进步、管理主体的改变，传统的管理方式方法和手段也必然需要进行相应的革新。

赫伯特·西蒙指出，组织能够为员工提供的回报和认可包括三类。

个人报酬直接来自组织目标的实现，即成就激励使得工作目的的达成成为工作本身最大的乐趣和回报。当个体完成一项任务时，由人脑散发的多巴胺，能够促使身心愉悦，而这种释放多巴胺带来愉悦体验的过程，在心理学家看来，就是成就动机带来的愉悦体验，而这种愉悦体验会促使员工不断地攻坚克难，一路进取。

个人报酬还来自组织提供的个人刺激，来自组织层面对于劳动、知识和技术的回报，包括工资、奖金、福利等。

个人报酬还来自组织的成长和发展对于员工带来的成长和发展。当组织战略目标不断实现和发展时，员工的成就动机和自我开发意识会不断地随之高涨，最终实现企业成长和员工个人成长的双赢局面。

理论应用于实践，组织对于员工努力工作的回报，在国内企业实践过程中，大致可以分为三种：物质激励、精神激励和全面激励。

1. 物质激励——员工努力工作的保健因素回报

薪酬激励理论中的物质激励，在目前的企业界仍然占据主导地位。

传统的企业组织中，将员工个体假设为“经济人”，这是组织物质回报的基础性因素，并由此而派生了计件制薪酬。当代商业社会的物质激励，指的是组织运用物质的手段使得个体得到物质上的满足，进一步调动其积极性、主动性和创造性，物质激励主要有现金、期权、实物等，物质激励的出发点，是关心员工的切身利益，不断满足其日益增长的物质文化生活需求。

企业中的物质激励手段，主要有基础工资、奖金、津贴、股票计划、福利等。基础工资是企业按照一定的时间周期，定期向员工发放的固定薪酬。

基础工资又分为基本工资、岗位工资、学历工资、年功工资等。

奖金，是薪酬中的可变部分，是企业对员工的卓越行为或者超额业绩给予的奖励，奖金可分为单项奖、月度奖、季度奖以及年终奖。

津贴，往往是对员工工作中存在的不利因素的补偿，津贴不是普惠制的，只有在特定环境下工作的员工才会获得相应的津贴，津贴的形式多种多样，比较常见的有夜班津贴、加班津贴、交通津贴、伙食津贴、出差津贴、通信津贴、住宿津贴、高温津贴等。

股票计划，是企业对员工进行中长期激励的主要手段，包括员工持股计划(ESOP)、股票期权(stock option)、限制性股票(restricted stock)和管理层收购(MBO)。

福利，通常表现为各类保障计划，如住房补贴、商业保险等。

IBM(中国)的薪酬构成

IBM(中国)的薪酬福利内容非常丰富，主要包括13个方面：

基本月薪——对员工基本价值、工作表现及贡献的认同；

综合补贴——对员工生活方面基本需要的现金支持；

春节奖金——在农历新年之前发放，让员工过一个富足的新年；

休假津贴——为员工报销休假期间的费用；

浮动奖金——当公司完成既定的效益目标时发放，以鼓励员工作出贡献；

销售奖金——销售及技术支持人员在完成销售任务后得到的奖励；
奖励计划——员工由于努力工作或有突出贡献而得到的奖励；
住房资助计划——公司提取一定数额资金存入员工的个人账户，资助员工在短时间内解决住房问题；
医疗保险计划——解决员工医疗及年度体检的费用；
退休金计划——参加社会养老统筹计划，为员工提供晚年生活保障；
其他保险——包括人寿保险、人身意外保险、出差意外保险等多种项目，关心员工每时每刻的安全；
休假制度——在法定假日之外，还有带薪年假、探亲假、婚假、丧假等；
员工俱乐部——为员工组织各种集体活动，以增强团队意识，营造大家庭气氛，包括各种文娱、体育活动、大型晚会、集体旅游等。
资料来源：MBA 智库资讯，http://news.mbalib.com/story/21429。

2. 精神激励——让工作成为工作本身最大的乐趣

梅奥的“社会人研究假设”指出，人们最重视的是工作中与周围人友好相处，物质利益是相对次要的因素。人是独特的社会动物，只有把自己完全投入集体之中才能实现彻底的“自由”。

双因素理论中，工作富有成就感、工作本身带有挑战性、工作的成绩能够得到社会的认可，以及职务上的责任感和职业得到发展和成长等，统称为激励因素。这些因素的满足，能够极大地调动员工的积极性。随着知识型员工的崛起，越来越多的企业开始注重精神层面的认可激励。表 2-5 列出了二十一种非经济性激励因素。

表 2-5　21 种非经济性激励因素

二十一种非经济激励因素	目标	生涯目标	用成功故事激励斗志，点燃员工心中的梦
		年度目标	让员工自己制定年度业务计划，在执行自己的计划中找到成就感
		临时目标	将重要项目交由一个临时团队实施，目标导向的自我管理团队激发创新
	竞争	生存竞争	动态评估、末位淘汰，让员工明白在组织内生存的挑战
		新陈代谢	以绩效为标准能上能下，产生完成目标的紧迫感与责任感

（续表）

二十一种非经济激励因素	竞争	分组竞争	分成若干小组，形成对比，在攀比中提升
		破除垄断	以内部机构与外部企业形成市场化竞争，以机构的生存压力调动激情
	危机	危机教育	灌输危机意识，生于忧患，死于安乐
	沟通	方便沟通	建立各种渠道以方便与员工沟通，让员工感受到自己受重视，有存在价值
		反向沟通	在员工帮助时给予帮助和指导，让员工自觉反省，主动改善
		积极沟通	消除不管方法和只在员工犯错误时沟通的不当行为，消除员工被管的心理障碍，产生被重视的鼓励
	兴趣	留有余地	允许和鼓励员工做一些常规程序外的尝试，以非常规的尝试产生新想法新创意
		自选领地	给予一定的费用支持员工自主创新，员工对自己选择的工作才真正感兴趣
		简化程序	减少和简化各类审批的程序和时间，提高通过审批的期望值，提升热情
		参与决策	建立员工建议系统，参与公司决策，触发员工的参与感与成就感
	空间	明确通道	建立明确的可预期的晋升通道，产生进军未来发展空间的驱动力
		岗位轮换	轮换岗位尝试不同工作，在变动中谋求发展
		培训机会	尽可能提供全方位多层次的培训机会，实现员工智力资本的保值增值
	赏识	亲情回馈	给一些带有情感的小礼物或纪念品，以肯定员工成绩，让员工感受被认可、被关注的归属感
		及时表扬	关注员工的工作，找到好的立即表扬，给予员工受重视受肯定的成就感
		给予名誉	给突出贡献或表现员工以头衔、称号给予员工归属感与成就感

国内外很多企业，在游戏化工作环境的过程中，提高了员工参与的成就动机，而本着成就动机理论而发展起来的企业实践，主要是激发员工对于工作本身的兴趣所在，让工作成为工作本身最大的回报。例如，盛大的游戏化管理方式、温州移动的荣誉体系及全面认可激励系统等。

3. 全面薪酬——360°认可回报

随着薪酬理论的不断发展，在各个组织中，最强调的即提供恰当的诱因，来激发员工的工作积极性和组织认同感。巴纳德将诱因分为两种：第一种是特殊的，可以向个人提供的诱因；第二种是一般性的，非个人的，不能向个人提供的诱因。

(1) 特殊诱因。主要有物质诱因、个人的非物质机会、良好的物质条件、理想信念。

(2) 一般诱因。主要有社会关系的吸引力、适合于习惯方法和态度的条件、扩大参与的机会、交流条件。

这些思想，构建了总体薪酬理论的思想源泉，1990年，密歇根大学的约翰·E·特鲁普曼最先提出总体薪酬的概念，即自助式薪酬，也称为全面薪酬、360°薪酬。

一般来说，总体薪酬有两种分类构成方式：一种方式是将报酬分为内在报酬和外在报酬；另一种方式为经济性报酬和非经济性报酬(见表2-6)。

表2-6　总体薪酬的两种分类构成方式

	经济性报酬	非经济性报酬
特殊薪酬	个人绩效奖金 年薪制度 技能薪酬等	挑战性、趣味性工作 个人成长与发展机会 个人成就感 工作责任感、使命感
普适薪酬	职位薪酬 年功薪酬 利益分享等	良好的工作环境 社会地位 和谐的人际关系 弹性的工作时间

旧的薪酬体制已经不能起到吸引、保留和激励现代员工的作用。总体薪酬方案不是仅仅包括薪水、福利和奖励，而是由十种不同类型的薪酬组成，即基本工资、附加工资、福利工资、工作用品补贴、额外津贴、晋升机会、发展机会、心理收入、生活质量(工作和生活平衡)和私人因素

（员工个人的需求）。这十个因素统一起来，构成了总体薪酬体系。任何有助于吸引、激励或保留员工的有价值的东西，都可以算作总体薪酬的内容，表 2-7 详细展示了总体薪酬的各部分内容。

表 2-7　总体薪酬各个板块的含义及具体维度

板块	板块含义	维度	维度释义
货币薪酬	雇主基于员工劳动的报酬，主要用于满足员工的基本生活需要及其他现金支出	基础工资	固定薪酬，不随绩效而变动，一般包括基本工资和岗位工资
		奖金	根据员工工作绩效进行浮动的部分
		津贴	对员工工作中不利因素的补偿
		股权	以股票形式发放的薪酬
福利	雇主提供给员工的补充现金支持	保障福利	失业保险、社会保障和残疾保障等
		健康与救济福利	医疗保险、人身保险、分期付款项目和健康储蓄计划等
		退休福利	养老保险及退休后的收益分享
		带薪休假福利	带薪休假、带薪病假和带薪事假等
工作与生活平衡	组织实践、政策和项目的特殊部分，帮助员工同时在家和工作中取得成功	灵活的工作安排	工作内容和工作场所安排
		带薪请假	因为照顾他人、照顾子女的带薪请假
		员工健康	员工援助计划和压力管理计划等
		社会参与	组织员工积极参加社会活动计划
		员工关爱	员工旅行关爱、生病关爱、家庭关爱等
		财政支持	理财计划服务与培训、企业年金计划
		额外福利	宠物保险、免费停车等额外福利计划
		首创精神	团队的工作效率、组织的工作环境
绩效与认可	包括高绩效系统及员工认可两个方面	高绩效系统	制定绩效标准、员工技能展示、管理者对员工技能进行评估、管理者反馈和持续的绩效改进等
		员工认可	对于员工的努力、行为及绩效给予重视

（续表）

板块	板块含义	维度	维度释义
个人发展与职业机会	包括个人发展与职业机会两个方面	学习机会	提高员工技能和素质的培训
		领导力培训	培养和提升员工领导力的计划
		晋升机会	帮助员工实现个人职业生涯目标

在总体薪酬理论基础上，华夏基石建立了中国企业对员工进行激励的总体薪酬模型（见表2-8）。

表2-8　华夏基石的总体薪酬模型

经济性回报	承认人力资本价值，给员工以合理回报（工资、奖金、福利、期权）
愿景与目标	共享愿景与核心价值观，共同的目标追求，抱团打天下
机会与发展	多样的职业通道与职业发展前景，人职与人人科学匹配
理解与尊重	贴近员工，了解员工，尊重个性
沟通与信任	双向沟通，信任与承诺，关系的建立
授权与赋能	合理有效授权，帮助员工提升能力
支持与辅导	当教练，在关键时刻及时给予员工支持
评价与反馈	客观公正地评价员工能力与绩效，并及时反馈
团队与氛围	营造良好的团队氛围，调节冲突，建立和谐的内部人际关系
知识信息共享平台	知识沉淀和共享，放大员工能力效应，将个人知识转化为公司知识
标杆示范	寻找标杆，明确差距，确定追赶目标，树立榜样，领导率先示范
压力与强化	适度压力转化为内在动力，竞争淘汰，激发潜能

不难看出，管理的核心命题就是激励，而如何激励员工，手段其实多种多样，从全面薪酬模型或者总体薪酬模型出发，可以系统地优化企业内部的激励模式，而除此之外，也可以思考其他的激励措施，比如游戏化管理、幸福管理、认可激励、荣誉体系等。当然，也可以基于以上几类激励措施，打造全面认可激励模式。具体的内容，后续会一一为读者介绍。

第三章 管理新思维:“职业游戏”与“幸福生活”

本章导读

游戏逐渐成为员工生活娱乐的主要方式之一,作为知识性员工,状态“爽不爽”,极大影响工作绩效。如何借助游戏中的管理思维,让员工感受到工作中的快感,值得管理者学习。而作为操作性员工,如何在枯燥的生活中感受到“幸福”,也是管理者义不容辞的责任。

从阿里巴巴、京东、网龙、胖东来、固锝等企业的最佳实践中,总结管理新思维,让工作“游戏化”,生活“更幸福”。

知识重点

知识性员工、游戏化思维、游戏积分化、企业社会化、幸福企业

一、游戏化思维:让“枯燥”的工作嗨起来

(一)知识型员工的游戏化管理新思维

随着网络技术的普及和数字娱乐的兴起,游戏已经成为“80后”“90后”一代人的生活方式,早上起床更新状态,上班第一件事情菜园“偷菜”,下班后几个朋友联机探险,睡觉前还不忘刷刷微博,传统思想

认为"玩物丧志"，但是在网络时代，游戏已经成为一种文化和思维方式，改变着人的价值观和人际关系。随着新生代员工逐渐成为职场上的主角，越来越多的管理者关注到了游戏对于企业员工的变化，传统的管理方法无法适应员工的需求，"游戏一代"更关注劳逸结合、公平竞争和及时反馈。

游戏化思维，本质上是"社会人"的管理思想的演变，尤其是经济社会发展充分的后工业时代，经济型报酬作为保健因素，无法提高员工的工作满意程度，从激励性因素角度出发，如何提高工作本身的挑战程度和工作本身的趣味性，成为管理者需要解决的日常管理难题。

大脑中的奖赏系统（rewarding system），在某些行为（如觅食、嬉戏等）的过程中，会释放出多巴胺这种引起愉悦快感的物质，于是形成这样一个过程：作出某种动作（如进食）——大脑给予奖励（释放多巴胺）——继续进行某种动作。

用"游戏化思维"进行企业管理的概念是由哈佛商学院教授凯文·韦巴赫首次提出的，"游戏化管理"开始正式受到人们关注。游戏化管理是指，在非游戏情境中使用游戏元素和游戏设计技术，来达到激励员工、提高工作参与程度和趣味程度的管理目的。

英国学者汤姆·查特菲尔德经过大量实证研究，总结出游戏化管理中七大激励方式，为游戏化管理运用到企业管理实践，提供了必要的借鉴意义（见表3-1）。

表3-1 游戏对于员工激励的七个借鉴意义

明确的成长路径	用经验值度量进程：随时追逐进度，在不断战胜自我、不断肯定自我的过程中获得成就感	强化理论、目标设置理论
短期目标与长期目标相结合	把任务分割：分为可计量的短期目标和长期目标，并同玩家获利挂钩，提高目标意识和过程管理意识	目标理论、期望理论

（续表）

正向激励，避免负向激励	奖励成就，不惩罚失败：正向反馈激发积极性，负向反馈降低积极性，负向反馈并不能增强参与人员的积极性	学习理论、期望理论
及时反馈，快速试错	及时反馈：及时满足需求，及时评价，及时改善行为	学习理论、强化理论
不确定性，增强激励效果	不确定性惊喜：持续提供巅峰体验，增强参与意识，降低激励效果的边际递减效用	需求层次理论、期望理论
提高组织归属感	合作：提高组织归属感和组织认同感，提高社交黏性和交互性，获得集体的归属感，提高自组织的组织黏度	社会人假设、需求层次理论
自主化氛围	充分的自由度：适合创意性人才所需的创新必要条件	知识性员工、创新理论

大多数游戏化系统中都包括三大要素：点数、徽章和排行榜。

1. 点数

点数在游戏化运用中有六种不同的方法。

（1）有效记分。点数可以告诉玩家他们表现得很好。点数也可以划分为不同的等级，例如，需要10 000点才能晋级到第5级，达到5级就是超级玩家，可以进入更高级选项。

（2）确定获胜状态。在一个有输赢机制的游戏中，点数可以确定游戏过程中“获胜”的状态。

（3）在游戏进程和外在奖励之间构建联系。例如，如果获得了1 000点，就可以换取一套餐具，获得1 000 000点，就可以换取欧洲游往返机票等。

（4）提供反馈。明确而频繁的反馈是游戏化的一个关键，点数能快速、简单地实现反馈，它是最详细的反馈机制，每一个点数都是给用户的即时反馈。

（5）成为对外显示用户成就的方式。过去QQ有星星、月亮和太阳，表示在线时间的长短，相信大家都有过追求三个太阳的经历。

(6) 为游戏设计师提供分析数据。玩家赢取的点数很容易被追踪和储存，并进行相关的数据分析。

2. 徽章

徽章，则是点数的集合，是一种视觉化的成就，不同类型的徽章可以被用来鼓励不同种类的活动。企业里面也可评出金牌供应商和五星级员工，都是一种充分的认可和激励手段。

3. 排行榜

排行榜是最难运用的游戏要素。一方面排行榜有助于激发参与者的驱动力，想要不断冲击排行榜前列；另一方面，如果发现距离前列太遥远，也可能削弱士气。不过排行榜可以调整为动态的点数记分牌，可以在不同属性和维度上进行追踪，从而更好地提高游戏化效果。

仔细研究游戏化的要素，其实不难发现，游戏同现实中的组织场景，也多有相通之处(见表 3-2)。

表 3-2　游戏管理与现实管理场景的对应

游戏化元素	现实管理场景
游戏中的玩家	组织中的个体
经验值	企业管理中的绩效考核
荣誉勋章或游戏等级	岗位等级和职务等级，主管级、经理级
游戏中的任务	企业经营中的目标
玩家所得回报：金币、愉悦感、等级	企业个体回报：奖金、职位晋升等
工会或社区	企业中的组织社会化

目前国内的"游戏化管理"模式，主要借鉴游戏规则中的经验值管理系统，将员工的激励诱因(奖金、晋升、加薪等)设定为员工的奋斗目标，以此刺激员工的各种需要，强化员工的工作动机，并通过经验值管理系统将目标进一步明晰化，使员工能够根据经验值的高低，实时判断目标

的可实现程度，从而便于控制自我激励的过程。

阿芙精油的创始人雕爷，在创办阿芙精油之后，又接连创立了雕爷牛腩、薛蟠烤串、河狸家美甲、皮娜鲍什下午茶、切克闹小丑煎饼，一年不到，一口气四五个项目，而且个个火爆。在商业模式上悟透了互联网思维的真谛，而在内部管理上，雕爷的思路也极具互联网化和游戏化。

雕爷在淘宝大会上的讲话

阿芙精油内部管理打破了很多传统的范式，我们每天下午提供果盘、水果、饮料，5点开始烤曲奇，任何时候都有消夜，而且，由于自己不喜欢早起，我们公司完全不打卡。我们的态度就是把员工伺候好，伺候爽，比如我们月月涨薪水，办公室有按摩师，还有理发师以及美甲师，另外我们还有5个胶囊公寓。

对于员工管理上，每个人的天性都喜欢玩，不喜欢工作。我腰椎间盘突出，也不是工作太辛苦导致的，而是早几年打游戏落下的。我一生之中，从没有像打网游这样投入，不吃不喝8小时，几乎都是常态。

在我们公司，我就提倡要像打麻将一样管理“90后”。我们提倡快速地开局和快速地奖励。2012年，我们发出去几辆汽车，其中一辆奔驰敞篷、一辆宝马SUV、一辆MINI SUV。比如涨薪水，我们公司每个月都有涨薪水，只要满足两个条件：第一，公司大盘营业额有一个好看的数据，第二，个人表现能被别人赏识，满足之后，就可以涨薪水，虽然幅度不大，但是效果很好。

早期，我们周营业额破纪录了，就投飞镖，投中1、2、3、4环，就奖100块现金，投中红心，就奖1 000块现金，效果也非常好。

当然，我们的核心是正反馈，有次晚上我看到好几个员工在打DOTA，每天都玩几局，没问题，我立马让人力资源部买了两个非常好的鼠标，晚上就开始组织比赛，而且胜利的人还有奖品。正是这些正反馈，使得我的员工不断地在工作中找到正反馈，同时也提高了归属感。

这个世界上很多东西背后的逻辑是相通的，如果能够像打麻将一样管理员工，你的员工也就能找到正反馈，找到归属感，最终通过正向激励，提升客户认同，持续改善组织价值创造的能力。

（二）游戏化思维的具体实践

不知不觉间，游戏化思维已经开始深入影响我们，可以看看下面的一些例子。

(1) 当你打开冰箱拿出果汁，果汁附赠的卡片送你 3 张点券，你可以用它兑现奖金或者优酷会员。

(2) 各大航空公司都在积累飞行里程，各类信用卡都在累计积分，用来奖励忠实用户。

(3) 世界杯期间，在一些男卫生间，可以看到便池底部放有球门和球，让你不由自主地想努力瞄准。

……

游戏是一种强烈且充满人性化色彩的驱动力，它在一种充满乐趣的氛围中为员工设定目标。谷歌内部通行着一种叫作"谷币(Goobles)"的货币，工程师们可以用它来兑换稀缺的服务器时间，也可以用它打赌、预测业绩。此外，谷歌在他们的报销系统里面也加入了游戏化理念，如果某一个员工的差旅机票低于公司标准，剩下的费用便会捐赠给一个叫"员工的选择(worker's choice)"的慈善团体。罗辑思维创始人罗振宇倡导员工进行自我管理，并且设计了"节操币"制度，每个员工每个月有 10 张节操币，每张相当于面值 25 元，员工可以用节操币在周边的咖啡厅和饭馆随意消费，还可以获得折扣和 VIP 待遇，公司月底统一与商家结账。但是，节操币不能自己使用，必须公开赠送给小伙伴，而且要在公司公示为什么要将节操币送给他，并说明具体原因。公司每个月都公示当月节操王，每年收到节操币最多的节操王会获得年底多发的三个月月薪为奖励。就这样，节操币利用游戏化思维彻底成为一个去中心化的管理和激励工具。

1. 游戏化思维实践

在任何领域，游戏化思维都可以付诸实践，尤其是内部游戏化、外部游戏化、行为改变游戏化这三类实践。

内部游戏化是指公司利用内部的游戏化机制提高生产力、鼓励创新、增进友谊，从而获得更好的业绩产出。内部游戏化也被称为企业游戏化。

外部游戏化通常与客户或潜在客户有关，目的是为了增加更好的营销效果，改善企业与客户之间的关系，提高客户参与感及品牌忠诚度。比如星巴克的奖励计划，当顾客集满 15 颗星星后，可以获得免费赠饮一杯，集满 30 颗星星，可以升级到"绿星等级"，获得免费的糖浆以及咖啡的续杯。

行为改变游戏化旨在帮助个体形成更好的习惯。比如扇贝英语的打卡计划、KEEP 里面的健身计划、微信运动的排行榜等，都对个体的行为改变起到了良好作用。

本书针对游戏化的借鉴主要从内部游戏化和行为改变游戏化入手，构建企业内部游戏化管理体系。

2. 游戏化管理应用

"游戏化管理"要从满足员工的需求或实现员工的期望值入手，不断跟踪、强化员工的工作行为，实现员工所追求的目标，在管理过程中，有效激发员工的潜能，通过实时激励、即时反馈，将激励方式由被动激励改变为主动激励，提高工作本身的乐趣。"游戏化管理"模式的激励过程，如图 3-1 所示。

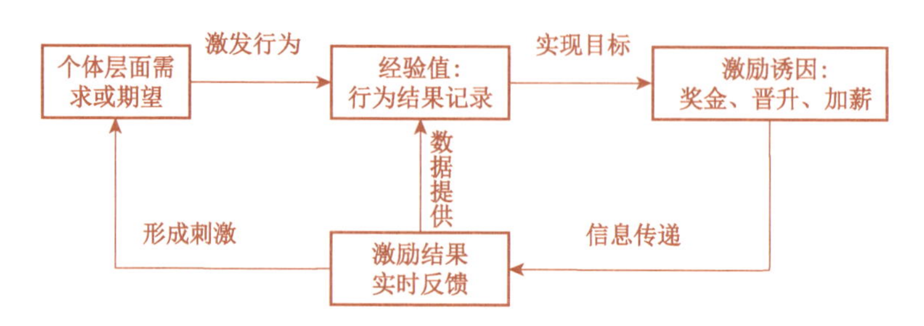

图 3-1 "游戏化管理"模式的激励过程

随着游戏化管理研究的深入，不少知名企业开始探索游戏化管理的应用。Target 超市把结账工作转化为刺激的积分竞赛，鼓励收银员提高结账速度和累积成功率。思科公司鼓励全球销售人员帮助一位虚拟女士解开其父亲遗物中的谜团，从游戏中熟悉公司的产品并建立合作关系。盛大公司根据游戏规则设计晋升体制，员工就像游戏通关一样，在某一层级的分数积满就可以晋升。美国餐饮连锁店 Not Your Average Joe's，采用软件追踪员工为顾客服务产生的营业额，最出色的员工可获得自主选择上班时段等奖励。在 IT 系统内，企业如果发现某个员工卖出很多开胃菜，但没售出任何甜点，就会给员工发送一个"任务"：在当晚向顾客推荐一定数量的餐后甜点，让顾客的就餐体验更加完美。

随着新生代员工的不断成为职场的主力，游戏化的人力资源管理体系，也成了互联网时代知识性员工管理的一个重要手段(图 3-2)。

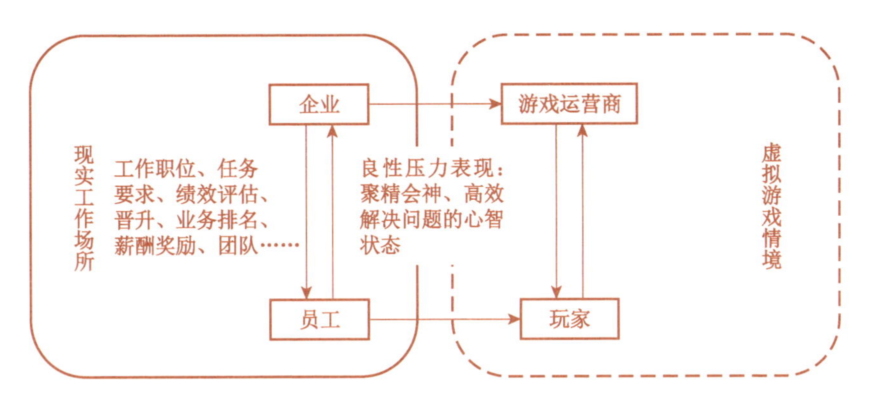

图 3-2 融合工作和玩乐的游戏化人力资源管理

3. 游戏化管理体系构建过程

管理者在构建游戏化管理体系过程，要注意以下六个步骤。

(1) 明确商业目标。管理者要针对员工的行为达到的战略目标有统一的共识。商业目标可以是绩效层面的，如达到何种财务指标；也可以是客户层面的；在目标设置过程中，管理者可以借鉴 BSC(平衡计分卡)的具体做法。

(2) 锚定目标行为。任何符合组织价值观念、能够促进组织战略目标实现的员工行为，都应该被提倡、被鼓励、被认可。

（3）员工纳入体系。按照部门、业务条块、专业岗位等不同的特点，将员工纳入游戏化管理体系，同时让与员工知晓系统运行的规则和逻辑，以及倡导和鼓励的行为。

（4）制定活动周期。同绩效考核一样，游戏化管理也讲求时效性，除了明确的目标和游戏化管理的时间节点是要同员工明确的，还要明确的活动周期内，提升员工的效率意识和紧迫感。

（5）提高工作乐趣。游戏化管理的精髓在于，提高工作乐趣，让工作成为工作本身最大的乐趣，这就要求，在提高刺激性和成就感的管理目标实现之前，尽力提高工作的过程乐趣，让工作像游戏一样提高心理愉悦感。

（6）采用合理措施。形式也是一种内容，采取必要的管理手段，激发员工的参与程度，如积分奖励化、积分拍卖、时间拍卖等灵活管理措施。

（三）游戏化管理模式的中国实践

1. 盛大的“游戏化管理”新模式

盛大集团是一家领先的互动娱乐媒体企业，也是全球第一家提出“游戏化管理”模式的企业。盛大集团的“游戏化管理”模式是一套企业组织和人力资源管理系统，该系统将游戏中用户的体验，通过真实的环境进行了还原，围绕企业发展的战略目标建立起一个经验值管理系统，采用实时记录的方式，让所有员工犹如游戏中的打怪、做副本一样完成自己的工作，员工平时的表现和工作业绩，都将被其经验值忠实地记录下来。盛大集团“游戏化管理”模式的核心是经验值管理系统，这是一套相对独立的激励系统，经过科学的设计与设定，该系统全面改造了员工的个人发展及工作汇报（工资、奖金、福利等）体系，真正调动起员工的积极性、主动性和创造性，让员工将自身的发展命运紧紧掌握在自己手中(见图 3-3)。

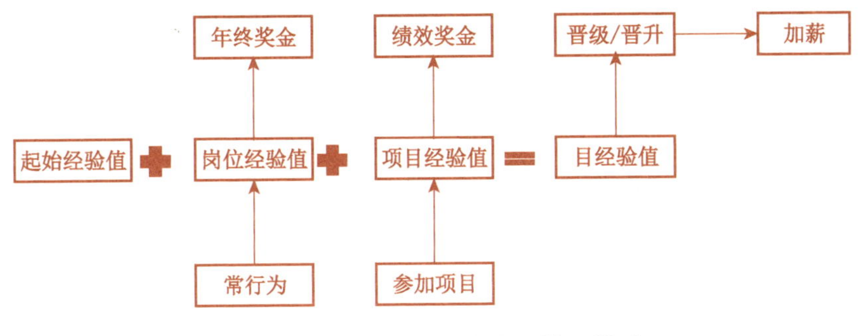

图 3-3　盛大集团的游戏化管理模式

(1) 系统划分 1 到 100 的 SD 职级,每一个岗位都有一个对应的 SD 职级,每个 SD 职级都有一个对应的经验值,相邻的两个 SD 职级之间的经验值具有一定的差值。依据自己的 SD 职级,每位员工都清楚自己的经验值,以及晋升到上一个 SD 职级所需要的经验值。

(2) 起始经验值。每个新员工进入公司后根据其任职岗位确定的职级及经验值。

(3) 年度起始经验值。员工在考核年度结束时的总经验值,也是下一年度经验值的起点。

(4) 岗位经验值。以年度为单位,年初公司依据每个岗位价值、贡献预设岗位经验值范围,员工在岗位上工作满一年后,经过考核获得的最终的岗位经验值。

(5) 项目经验值。项目经验值的多少由项目本身产生的价值所决定,根据项目的级别——公司级、事业部级、中心级项目,由公司计委会或相关业务管理中心预设经验值范围标准。项目完成后,通过考核确定参与并完成项目的员工获得的经验值。

(6) 经验值系统给予员工完全自主设计发展的空间,只要经验值达到相应职级的标准,员工即可自动晋级或晋升。

(7) 晋升。员工每上升一个职级大类，称为“晋升”。每个岗位不仅必须达到晋升职级大类所需要的经验值，还必须满足晋升职级所需的岗位认证条件。

(8) 晋级。每个职级大类范围内，依据职级标准确定的不同经验值达标范围，只要经验值达到即可自动晋级。

(9) 系统内建立了双梯发展模式，即专业岗位序列和管理岗位序列。前者指以岗位所需专业经验、技能为主而设定不同的职级大类，包括初级、中级、高级、资深、研究员、高级研究员、资深研究员、专家、高级专家、资深专家、首席专家。后者指岗位职级不仅根据专业经验和技能设定，还要求具备一定的管理能力，承担管理职责，该序列的职级大类包括主管、副经理、经理、助理总监、副总监、总监、助理总裁、副总裁、高级副总裁、资深副总裁、总裁、首席执行官。

2. 网龙“游戏化积分”激发员工工作参与感

网龙公司是网络游戏先锋和领先移动互联网的佼佼者，当初百度花费 19 亿美元收购的 91 助手就是出自其手。地处远离“北上广深杭成南”的福州，如何吸引和激励研发类人才成为了网龙及其困惑的一点。

(1) 游戏化的内部管理方式。

作为网络游戏的先锋，网龙开创了基于游戏化的内部管理方式，建立了“自管理”的三维专业发展平台，通过游戏化机制，实现“员工职业发展自我管理”“明确的职业上升通道”“能广泛接触不同工作内容”“拥有多种技能与能力且价值得到认可”“公司内部职业机会平等”“公司提供全面信息及目标岗位发展辅导”等不同纬度的多种诉求。

① “乐高式”组织。网龙通过挖掘影响绩效的能力与行为，梳理不同类别岗位所需的任职能力，在列举任职能力后将其打散，不再受岗位限制，每位员工可自主组合能力，构建属于自己的能力模型，并对比各自现有能力与公司内岗位要求，符合能力要求者可选择“自动晋升”或发起

岗位调整。

② "游戏化闯关"。网龙将各岗位的任职能力点，设计为不同的游戏关卡，职业晋升被设计为"游戏闯关"模式，员工可通过逐个完成任务进而打通关卡，获得相应的能力认证，一旦打通全部关卡，闯关成功，即刻晋升，且员工晋升不受现级别限制，可随时"跳级晋升"。

③ "打怪式"认证。员工通过职业发展信息系统，了解目标岗位与自身能力差距，可打破时间及空间限制，在移动端学习平台中自主选择对应课程进行学习，以游戏化的虚拟勋章、称号、积分、级别等方式激励员工发展，并同样通过游戏化的"完成任务—升级"方式实现能力认证。

④ 多维面"舞台"。网龙还设置不设专业门槛的各类奖项活动、信息沟通会、PK 会等，使员工参与活动展现各自多维能力，如高职级"竞聘会""99 设计奥斯卡"等，设计内容可以是游戏、App、视频、广告，甚至是工作流程、办公环境，员工可任意发挥，从而提升参与热情。

(2) 成熟的积分授予和星级评定规则。

具体到游戏化模块，网龙有一套成熟的积分授予和星级评定规则。网龙员工积分奖励与消费体系是其特色文化的产物，它以游戏般的轻松感受，对网龙"学习、努力、争取"的企业文化做了生动的诠释和补充，为员工在工作之余增加了无限乐趣(见表 3-3)。网龙游戏化管理机制坚持以下三个指导原则。

① 亲切有趣的原则。以亲切和轻松的办法肯定员工行为，活动方式更倾向于游戏体验般轻松的感受。

② 模糊价值的原则。不直接体现积分与现金的兑换关系，以活动优惠、网上虚拟奖励、礼品兑换为主。

③ 公开灵活的原则。流程规范、公开公平、查询便利。

表 3-3 网龙公司的积分奖励与消费体系

积分获得途径	符合《网龙积分授予参考标准》中的行为，均可按照相应标准授予积分，针对先进行为的各项积分预算申请与积分奖励推荐经过公司奖惩委员会批准后，如可长期执行的，均会作为案例纳入《积分授予参考标准》
	参加公司组织的活动、比赛；具体的积分奖励分值如不在《积分授予参考标准》中，可参看活动、比赛前的内部通告
	各部门的推荐：积分奖励体系更注重与工作职责无关的个人贡献，部门分管副总在限制额度下有绝对的审批权
积分的消费方式	兑换礼品：公司周边产品、纪念品等
	参加公司举办的积分竞拍活动：以积分兑换竞拍物品
	其他兑换项目

（3）明确提倡的行为。

为明确游戏化积分的导向作用，网龙公司也明确了提倡的行为，员工作出了相关行为，就可以触发产生积分，计入个人账户。提倡的行为主要如下。

① 参加社会活动，如演出、学术交流、对外发表作品等，为公司取得荣誉。

② 利用业务时间参与个人岗位职责以外的工作。

③ 积极向公司提供良好的建议并被采纳。

④ 月度满勤。

⑤ 个人办公区整洁清楚，文件资料存在规范合理。

⑥ 拾金不昧、助人为乐等表现出高尚道德风范的行为。

⑦ 积极参加公司举办的各类业务文体活动并取得良好成绩的。

⑧ 抗灾抢险等在突发和紧急事件中对公司作出贡献的。

⑨ 利用个人资源，如个人社会关系、其他资源等，无偿为公司服务的。

⑩ 向公司推荐人才。

⑪ 积极主动帮助其他部门的行为。

（4）明确不同的积分标准。

针对签到类、企业文化建设类、学习类、创新类、个人道德风范类、特殊贡献类、部门推荐类等不同类型的奖励，网龙明确了不同的积分标准。

签到类奖励，如表 3-4 所示。

表 3-4　网龙公司的签到类奖励

签到类奖励	奖励标准	备注
日清满勤奖	2 000 积分、2 000 经验	本月每天都日事日清成功
日常签到奖	200 积分、200 经验	非工作日点击直接获取
生日签到奖	7 000 积分、7 000 经验	五天内签到有效
入司周年奖	60 000 积分、60 000 经验	五天内签到有效
特殊时间签到奖	7 000 积分、7 000 经验	1 月 1 日、5 月 18 日、9 月 1 日当日签到有效
签到类获得的积分和经验可叠加。例如，1 月 1 日为特殊日期，如果也是入司周年，也是生日，那么可获得的积分为：积分每日签到(250 分)＋生日签到(7 000 分)＋入司签到(60 000 分)＋特殊日期签到(7 000 分)		

运动会积分奖励，如表 3-5 所示。

表 3-5　网龙红丝的运动会积分奖励

项目	积分
志愿者半日积分	3 000 分
志愿者全日积分	6 000 分
个人项目参赛人员	500 分
参加团队比赛人员	500 分
比赛成绩创造和突破公司纪录	10 000 分
团体总分前三名	30 000 分(第一名)
	20 000 分(第二名)
	10 000 分(第三名)
单项比赛	3 000 分(第一名)
	2 000 分(第二名)
	1 000 分(第三名)
参加大体力项目比赛人员	800 分

划船比赛积分奖励，如表 3-6 所示。

表 3-6 网龙公司的划船比赛积分奖励

项目	奖励积分(分/团队)	
划船比赛申请标准奖励	冠军 20 000 分	按举办比赛难度来评比分数
	亚军 12 000 分	
	季军 8 000 分	
	第四名 5 000 分	
	第五名 3 200 分	
	第六名 2 000 分	
参赛选手	500 分	
记分员(总分 4 000)	2 000 分	
按表员(总分 6 000)	2 000 分	
裁判长(总分 3 000)	3 000 分	
鼓手(总分 6 000)	3 000 分	
码头协调人(总分 2 500)	2 500 分	
摄像人员(总分 3 000)	3 000 分	
照相人员(总分 2 500)	2 500 分	
后勤支持人员(总分 3 000)	1 000 分	
比赛申请标准奖励每人 500 分		统一标准

俱乐部活动积分，如表 3-7 所示。

表 3-7 网龙公司的俱乐部活动积分

职位	奖励积分(分/人)	备注
部　长	1 000	1. 俱乐部每次活动的参加人数必须为 10 人以上，并且必须在内网出新闻展现本俱乐部风采。(不能与爆料奖积分相叠加) 2. 所有活动的组织不得占用工作时间。 3. 俱乐部活动不能跟培训课积分相叠加。 PS:以上条件如有 1 条不符，则本次活动没有积分奖励。
副部长	500	

每月有组织活动的，每举办一次活动部长增加 1 000/次，副部长 500/次，部长积分上限为 5 000，副部长积分上限为 4 000。如果三个月

没开展活动的,将扣除解除俱乐部部长和副部长每月授予的积分。

为鼓励员工参与文艺活动,网龙也设计了专门的积分标准。

晚会类积分奖励,具体如表 3-8 所示。

表 3-8 网龙公司的晚会类积分奖励

项目	奖励积分(分/人)
元旦主持人(总分 24 000)	6 000
元旦舞蹈类(总分 42 500)	2 500
元旦小品(总分 158 400)	1 600
元旦唱歌类(总分 35 200)	800
元旦互动游戏(总分 8 000)	1 600
节目总监(总分 8 000)	8 000
会务组(总分 18 000)	6 000
会务组(奖券餐票制作)(总分 3 000)	1 000
摄像摄影(总分 18 000)	6 000
场地(总分 18 000)	6 000
接待(总分 6 000)	2 000
道具(总分 12 000)	6 000
道具保管(总分 2 000 分)	2 000
服装(总分 6 000)	6 000
固定化妆(总分 3 000)	3 000
流动化妆(总分 4 800)	4 800
礼仪(总分 6 000)	3 000
音效(总分 10 000)	5 000
场地志愿者(总分 80 000)	8 000
游园活动(固定)(总分 42 000)	3 000
游园活动(活动)(总分 8 000)	1 600
小吃(固定)(总分 15 000)	3 000
小吃(活动)(总分 14 400)	1 600
各节目负责人(总分 26 000)	2 000
最佳节目代表队(总分 50 000)	1 500

K歌比赛积分奖励，如表3-9所示。

表3-9　网龙公司K歌比赛积分奖励

总策划	3 000分
主持人	3 000分
宣传组	2 000分
信息组	2 000分
音频组	2 000分
后勤组	2 000分

公司活动积分奖励，如表3-10所示。

表3-10　网龙公司活动积分奖励

项目	奖励积分(分/人)
酒会现场服务人员	2 000
其他(按工作量来区分)	1 000

主持积分奖励，如表3-11所示。

表3-11　网龙公司主持积分奖励

项目	奖励积分(分/人)	
主持	3 000分	魔域庆中秋主持1 000分/两小时
DV拍摄	3 000分	
照相	3 000分	

为鼓励员工积极参与企业文化相关活动，网龙也设计了专门的积分标准。

业务播音员积分奖励，如表3-12所示。

表3-12　网龙公司业务播音员积分奖励

鼓励与支持业余播音员的奖励标准	3 000分/月	积分按播音次数底线(每月3次以上)每月授予3次以下的，按500分每次授予

拍摄公司广告奖励，如表3-13所示。

表 3-13 网龙公司拍摄公司广告片积分奖励

项目	奖励积分(分/人)
拍摄人员	2 000 分
前后期制作人员	2 000 分
主要演员	10 00 分
群众演员	500 分

鼓励大家关注身边的精彩故事奖励标准，也设计了专门的积分标准。

演讲与征文奖励，如表 3-14 所示。

表 3-14 网龙公司演讲与征文奖励

<table>
<tr><th>项目</th><th>奖励积分(分)</th><th></th></tr>
<tr><td rowspan="5">演讲比赛</td><td>500(参与)</td><td rowspan="10">参与公司文化建设、符合公司倡导的行为</td></tr>
<tr><td>10 000(第一名)</td></tr>
<tr><td>6 000(第二名)</td></tr>
<tr><td>3 000(第三名)</td></tr>
<tr><td>2 000(鼓励奖)</td></tr>
<tr><td rowspan="5">征文比赛</td><td>500(参与)</td></tr>
<tr><td>8 000(第一名)</td></tr>
<tr><td>5 000(第二名)</td></tr>
<tr><td>3 000(第三名)</td></tr>
<tr><td>1 000(鼓励奖)</td></tr>
</table>

另外，针对学习类日常活动，也给予了一定的分值。

智力竞赛活动积分奖励，如表 3-15 所示。

表 3-15 网龙公司智力竞赛活动积分奖励

项目	奖励积分(分/人)
获奖	15 000 分(第一名)
	11 000 分(第二名)
	8 000 分(第三名)
参与奖	500 分
出题委员会	6 000 分
现场志愿者	3 000 分

游戏测试奖励，如表 3-16 所示。

表 3-16　网龙公司游戏测试奖励

项目	奖励积分（分/人）
参与游戏 20 级以上	500 分
游戏优秀建议	2 000 分（第一名）
	1 000 分（第二名）
	500 分（第三名）

为鼓励员工创新，设计了创新类奖励。

策划月赛获奖作品积分奖励，如表 3-17 所示。

表 3-17　网龙公司策划月赛获奖作品积分奖励标准

分数	奖励积分（分）	
90 分以上	10 000	每月将会举办策划月赛
85 分以上	5 000	
80 分以上	1 000	
70 分以上	500	

提交 BUG 积分奖励，如表 3-18 所示。

表 3-18　提交 BUG 积分

	重要紧急程度	奖励积分（分/个）
内审找 BUG 积分	不重要不紧急 BUG	50 积分
	紧急不重要 BUG	200 积分
	一般 BUG	500 积分
	重要不紧急 BUG	1 000 积分
	重要紧急 BUG	2 000 积分
	另：提交 BUG 同时提出合理化建议并被采纳的另加 500 积分，能提出有创造性建议并被采纳的建议加 1 000 积分	

爆料奖和除草奖，如表 3-19 所示。

表 3-19　爆料奖和除草奖

	项目	奖励积分（分/人）
爆料奖和除草奖	提供素材	500 分
	提供图片	600 分
	文字加图片	1 200 分
	除草	50 分

送粮草积分奖励，如表 3-20 所示。

表 3-20 送粮草积分

<table>
<tr><td rowspan="7">送粮草活动积分</td><td colspan="2">若建议被采纳，由每期活动的主题部门对所采纳建议进行星级评定，根据星级所对应的积分，进行相应积分奖励。只要有参与跟帖，不管建议是否采纳，均可享受 100 积分奖励（对同位员工不重复奖励）</td></tr>
<tr><td>一星级</td><td>500 积分</td></tr>
<tr><td>二星级</td><td>800 积分</td></tr>
<tr><td>三星级</td><td>1 000 积分</td></tr>
<tr><td>四星级</td><td>1 500 积分</td></tr>
<tr><td>五星级</td><td>2 000 积分</td></tr>
<tr><td>六星级</td><td>3 000 积分</td></tr>
</table>

展现个人道德风范，设置拾金不昧奖励。凡拾到他人遗失物品，价值在 500～3 000 元并及时上交的，奖励积分 2 000 分；500 元以下的，奖励积分 100～1 500 分；3 000 元以上的，奖励积分 3 000 分（要由助理提交积分推荐表）。

在做好本职工作之外，对为公司作出特别贡献的员工给予积分奖励（见表 3-21）。

表 3-21 特比贡献积分奖励

<table>
<tr><td rowspan="3">节日营销方案内部有奖征集活动</td><td>项目</td><td>奖励积分（分/人）</td></tr>
<tr><td>一般性建议</td><td>500 分</td></tr>
<tr><td>创意设计</td><td>2 000 分</td></tr>
</table>

（5）设计游戏化星级体系。

通过行为积分系统将员工符合公司文化导向的行为记录之后，为增加趣味性、鼓励员工积极参与，网龙公司设计了专门的"游戏化星级"体系，通过星级数量展示，配套相应的福利措施，激发员工的成就感和文化认同感，快乐工作、快乐成长。

网龙公司将游戏化星级分为基础星级、浮动星级和勋章三类。

① 对职级、司龄、专利技术等相对稳定的项目授予基础星级，从入司之日起开始计算，不予清零。基础星级具体授予规则，如表 3-22 所示。

表 3-22 基础星级具体授予规则

文化导向	星级来源	规则	授予星级	封顶
专业、贡献	职级	根据职级给予对应的星级 2 级—30；3 级—35；4 级—45；5 级—55；6 级—70；7 级—85；8 级—100；9 级—120；10 级—160；11 级—200；12 级—255		255
专业	职称认证	获得一个国家认可的高级职称/部门认可的行业高级认证	+2	6
		获得一个国家认可的中级职称/部门认可的行业中级认证	+1	
创新	专利技术	本公司被授予专利权的，应对专利的发明人和设计人授予星级，经专利审核小组评审后，按专利对公司的重要程度授予星级。 (1) 一级(重要)专利 5 星 (2) 二级(较重要)专利 4 星 (3) 三级(一般)专利 3 星	+1-5	20
贡献	积分	1 万：1 星；2 万：2 星；5 万：3 星；10 万：4 星；20 万：5 星；30 万：6 星；50 万：7 星；80 万：8 星；120 万：9 星；200 万以上：10 星	+1-10	10
	司龄	在公司每服务满 1 年	+1	20

② 浮动星级主要奖励符合学习、创新、快乐、真诚等公司文化倡导的行为和成果，有效期为 1 年，过期系统自动清零。其中，年度绩效、年度评优有效期 3 年，BUG 积分、公司认证不设有效期。如果员工出现扣星项目，也将在此部分进行扣减。浮动星级具体授予规则，如表 3-23 所示。

表 3-23 浮动星级具体授予规则

文化导向	星级来源	规则	授予星级	封顶
学习	公司认证	通过公司1项认证考试(如GDA、潜龙、飞龙、TTT、绩效面谈、拓展师)	+1	12
创新	授课	季度内授课时数累计大于等于3小时,且每次授课达到8人(含)以上	+1	24
	课件开发	兼职讲师开发1门课件并得以使用	+2	24
	专业比赛	获得职业技能大赛等公司级专业赛事前三强1次	+1	3
真诚	BUG积分	1 000分—1星;3 000分—2星;6 000分—3星;10 000分—4星;20 000分—5星;30 000分—6星;40 000分—7星;50 000分以上—8星		8
责任	人才培养	(1) 试用员工(应届生)提前或正常转正,授予导师2星 (2) 试用员工(普通社招)/转岗员工,提前或正常转正/通过转岗考察,授予导师1星(详见导师管理办法)	+1−2	12
	评审官	初级评审官每按照标准流程评审一人奖励游戏化星级0.2星	+0.2	8
		高级评审官每按照标准流程评审一人奖励游戏化星级0.4星	+0.4	8
	知识分享	担任经理例会ND波士堂环节主讲	+1	24
		公司级或公司安排的外部大型讲座或论坛主讲1次	+2	
	担任主持人	担任经理例会、内部论坛主持人	+1	6
		担任大型论坛主持人	+2	

（续表）

文化导向	星级来源	规则	授予星级	封顶
创新	业务创新	1. 获及时奖励（除部门每月及时奖励）表彰的，年度内有参与的授予参与星级1星；（参与星不重复奖励，有效时限按财务年计算） 2. 获公司创新及时奖励（创造奖、创效奖、PDCA奖、创新大赛、非例行性及时奖励）表彰，获得参与星的同时，可根据实际审批成效值，授予不同星级奖励，具体如下。 （1）人均季度成效值3 w以上10 w以下（含）的，授予1星 （2）人均季度成效值10 w以上30 w以下（含）的，授予2星 （3）人均季度成效值30 w以上的，授予3星	+1－3	24
快乐	娱乐活动	运动会（不含团体项目）、K歌等公司级文体活动进入前三名1次	+1	6
		运动会（不含团体项目）破纪录1次	+1	
		代表公司参加公司以外的文化体育比赛、表演等每人加1星，获得前三名再加1星	+1－2	
	员工社团	担任一届委员会或党支部党员先锋小组成员	+1	3
		担任俱乐部部长并组织公司30人以上活动	+1	6
	担任主持人	担任晚会、尾牙、运动会、K歌比赛、职业技能大赛等公司活动主持人加1星	+1	3
贡献	年度绩效	员工获得一次年度绩效S	+5	
		员工获得一次年度绩效A	+2	
	年度评优	年度评优个人奖或团队奖负责人1次	+5	15
		年度评优团队奖团队成员1次	+2	

（续表）

文化导向	星级来源	规则	授予星级	封顶
贡献	T20	1次T20获奖团队业务负责人	+2	12
	伯乐奖	推荐一名9级及以上岗位人才转正	+5	20
		推荐一名7、8级岗位人才转正	+2	
		推荐一名5、6级岗位人才转正	+1	
专业	书籍出版	代表公司出版书籍	+5	5
		个人出版书籍	+1	
	策划月赛	策划月赛冠军	+1	6

有加星项目，自然就有减星项目。游戏化星级的减星规则，如表3-24所示。

表3-24　游戏化星级的减星规则

减星事项	减星数量	备注
年度绩效考核C	-2	有效期3年
年度绩效考核D	-5	
经理例会无故缺勤	-1	有效期1年
警告	-1	
记过	-2	
记大过	-3	
留司察看	-5	

③ 勋章。为了鼓励员工，网龙公司设计了勋章机制。对于服务5年、10年、15年的员工分别授予忠诚勋章；对于年度绩效S级或年度评优贡献/创新获奖1次、3次、9次者分别授予铜、银、金质勋章；对于兼职讲师授课星级达到8个、16个、24个星者分别授予或铜、银、金质勋章；游戏化星级上浮一档获得铜质勋章，二档获得银质勋章（例如，3级员工起始星级是35星，如果靠个人努力达到4级员工的起始星级45星，即可获得铜质文化勋章，如果达到5级员工的起始星级55星，即可获得银

质文化勋章)。

忠诚勋章。对于服务5年、10年、15年的员工分别授予铜质、银质、金质勋章(见图3-4)。

图3-4 网龙公司忠诚勋章

贡献勋章。年度绩效S级或年度评优贡献/创新获奖1次、3次、9次者分别授予铜质、银质、金质不同勋章(见图3-5)。

图3-5 网龙公司贡献勋章

孔夫子勋章。兼职讲师授课星级达到8个、16个、24个星者分别授予获铜质、银质、金质不同质勋章(见图3-6)。

图3-6 网龙公司孔夫子勋章

文化勋章。对游戏化星级上浮一级、二级授予铜质、银质勋章(见图3-7)。

图3-7　网龙公司文化勋章

除了勋章之外,网龙还根据员工游戏化星级,确定不同的工牌颜色,0～54星为淡蓝,55～84星为蓝色,85～119星为红色,120～199星为紫色,200～300星为金色(见图3-8)。

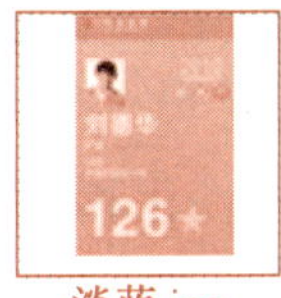

淡蓝.jpg

蓝色.jpg

红色.jpg

紫色.jpg

金色.jpg

图3-8　网龙公司定制工牌

从2015年开始,网龙5 000名员工中已经全部参与游戏化的自主发展模式,2016年1 143人自主发起游戏闯关晋升,真正实现了游戏化思维与员工"自我管理"的有效结合。

3. 进行游戏化管理尝试应注意的问题

从盛大公司和网龙公司的游戏化管理案例,不难看出,游戏化管理使组织对于员工的激励过程变的充满乐趣,同时,促进员工的自我激励和自我管理,提高个体成就感,实现了员工个人价值和企业价值的有效融合。其他企业在进行游戏化管理尝试时,要时刻注意以下问题。

(1) 结合实际,按需索取。企业要结合企业实际、员工特点和文化特性等自身特点,设置相应的游戏化管理规则。

(2)“游戏性”与“功能性”兼具。游戏化管理的精髓在于借鉴游戏的娱乐性和吸引力,然而过程的娱乐性不能忽略管理目标导向性,因此游戏化管理只是管理的一种手段、工具和技术方法。

(3)要及时反馈,并注重公平。游戏化管理的及时反馈,能够精准、及时地统计出参与者的行动、能力、任务进展程度。

随着知识性员工成为主体,创意占据了其大部分职业生命,所以要不断促进员工价值的充分发挥,不断激发员工创造价值和自我实现的能力,就需要企业转变传统管理方式,将游戏化思维融入企业管理之中。

游戏化管理一方面要求管理者要像游戏设计师一样,改变传统的管理方法和工作习惯,增强工作的趣味性和参与感,提高工作的挑战性和成就感。另一方面要求管理者像服务用户一样服务员工。传统的人力资源管理是促使员工为企业创造价值,继而企业进行价值评价和分配;而游戏化管理则要求,将员工作为独立的个体,承认员工的个性化和差异化,通过良好的管理方式来让员工驱动企业,当员工的个人价值不断提升之后,自然会带来企业价值的提升。

此外,传统的人力资源管理模式,已经有了很深厚的理论和实践基础,一定有其不可替代之处,所以,无论是招聘,还是绩效考核的各个模块,不能用游戏式管理完全推翻传统的管理,而是要考虑如何将传统管理理念有效地同游戏理念紧密结合,有游戏的理念,游戏的手法,结合科学的管理工具,进行员工的日常管理。

二、制造幸福:产业工人管理的新思路

(一)企业社会化:管理者要学会制造幸福

德鲁克在其经典著作《公司的概念》中首次提到了企业的社会责任

概念。社会企业是什么？社会企业的使命是将利润与周边的环境及利益相关者的需求相结合的一种组织概念。社会企业肩负着成为优秀企业公民的责任，对客户、对股东、对员工都肩负自己的使命和责任。

查尔斯·汉迪曾说："企业的目的不是利润，而是永续经营，利润只是维持其存在的手段，企业并不是归股东所有，不是任其处置的财产，而应该是一个社区。"海底捞、德胜洋楼、固锝电子、胖东来等企业，已经走在了时代的前沿，他们的种种举措，似乎揭示着企业家对于企业存在意义的思考和探索，也在一定程度上佐证了"幸福企业"的必要性和紧迫感。

对于管理哲学的认知，也必然会导致企业文化相关层面的不自觉靠近。例如，胖东来的董事长于东来喜欢北欧平静、简单、快乐的生活，于是公司内部推行高薪、休假、快乐制度的文化基础。

1. 固锝的幸福企业体系

固锝的幸福企业体系包括八大模块：人文关怀、人文教育、绿色企业、健康促进、慈善公益、志工拓展、人文真善美、敦伦尽分（见表3-25）。

表 3-25 固锝幸福企业八大模块

1. 人文关怀	困难员工基金，幸福领班，知心姐姐，准妈妈关怀，幸福午餐沟通会，爱心车队，幸福理发师，离职员工座谈会，领班关爱基金
2. 人文教育	圣贤教育，礼仪讲座，孝亲电话，好话一句分享，家庭日，读书会，生日会
3. 绿色企业	绿色设计，绿色采购，绿色制造和绿色销售
4. 健康促进	设立幸福医务室，完善员工健康档案，开展健康培训
5. 慈善公益	关爱智障儿童，关爱老人，社区关怀，弱势群体关怀
6. 志工拓展	志工培训，志工体验日，志工护照，志工统一服装和标志，《志工管理条例》
7. 人文真善美	通过文字、图片、影像把爱的足迹记录下来，为幸福企业书写历史，为幸福企业的复制提供借鉴资料
8. 敦伦尽分	恭敬心，精益管理，经费减半，销售倍增，我爱我设备，金点子，答案在现场

在幸福企业的八大模块基础上，固锝的福利体系也做得相当完备（见表3-26）。

表3-26　固锝公司福利一览表

对员工子女的关爱	孩子入当地公办学校就读，少儿医保费用报销，员工小孩教育基金，独生子女费
员工关爱	生病住院员工关怀，员工或家属急难关怀，幸福宝宝关怀，黄金老人关怀，特困家庭和重大疾病员工或家属关怀，员工直系亲属往生关怀，公司当地公立医院建立固锝绿色通道，免费住宿，领班关爱基金，员工工龄续接（针对再次入司的老员工）、准妈妈关怀
各种补贴	餐贴或免费工作餐、夜班补贴、星级补贴、工龄补贴
公司额外福利	庆生会、结婚庆贺、员工生子庆贺、中秋国庆慰问、妇女节慰问、发放年货、工会会员福利、开门红包、发放年终奖、工资之外的奖金
提升性培训福利	带薪在公司内外部培训，优秀员工特别福利（与家属国外旅游度假）
法律法规要求的福利	全员缴纳社保，部分员工缴纳商保（针对派遣员工）、带薪年休假、住房公积金
间接员工福利	干部车贴、工作手机及公司提供收费套餐

八大模块中，“敦伦尽分”是对于文化管理中的“敦伦尽分”进行深入探索，每个人到这个世间，都有自己的责任和义务。无论是在社会家庭还是在自己工作的公司，人人都应该承担起自己应尽的职责和义务。

尤其在一个企业大家庭中，每个人把自己对公司、对部门、对工作的一份热爱化作一份敦伦尽分，用恭敬心、感恩心和尽职尽责的心去完成好每一项工作（见表3-27）。

表3-27　固锝幸福“敦伦尽分”文化解读

恭敬心	恭敬爱护天地万物，对周遭的一切人事物抱持一份恭敬心
精益管理	不断地寻找到浪费的根源，持续改善

（续表）

经费减半销售倍增	这是对销售最大化费用最小化的最直观表达，开源节流，提高利润率
我爱我设备	把每一台设备都看作自己的孩子，把每一台机器都像爱护自己眼睛一样去用心呵护，每一台机器也会有最好的状态来回馈
答案在现场	现场在心里，每一位员工把工作现场放在心里，时时刻刻在现场寻找答案
人人都是君亲师	固锝大家庭，每个人只是分工不同，在人格上人平等

要指出的是，固锝的这些管理变革并非一帆风顺，直到三年后才呈现管理成效：离职率下降，人均产出大幅增长，净利润不断提升。这些成绩都是伴随着金融危机的余威、人民币升值、原材料价格攀升、劳动力成本不断上涨等不利外部因素取得的。固锝公司的幸福企业，为中国生产制造类企业提供了一种值得参考的管理模式。

文化管理的源头是哲学命题，就像马云所言，阿里巴巴的成就来自"利他主义"，是企业存在价值和意义，员工付出与回报之间的不断延伸和探索。这就要求管理者能够去伪求真、求同存异，真正从经营之"道"上寻找企业发展的目标和方向。

2. 胖东来的员工幸福生活

除了针对工作层面的管理教育以外，在员工个人生活层面，幸福企业构建者也不遗余力，表 3-28 为胖东来《员工职业发展规划与生活规划》的节选，供各位管理者参考。

表 3-28 胖东来的《员工职业发展与生活规划》(部分)

指导思想	明确自己的未来和方向，有更清晰的人生奋斗目标	
目的	让员工都能成为本岗位的行业专家，随着个人能力的提升，经济回报越来越高，生活品质和质量也不断提高，精神财富也不断地提升，让人生更有意义	
岗位	能力/技能(详见岗位实操手册)	生活规划

（续表）

员工	1. 熟知本岗位业务技能和工作流程，有较强的专业知识如营业员、理货员：熟悉所管辖区域商品专业知识，本岗位订货/退货流程，盘存流程；库存管理，店内调拨/补货，商品如何防损，本岗位商品结构/陈列及颜色搭配等 收银员：要熟练操作电脑，录入速度要求70字以上，能简单处理电脑故障等 2. 有一定的顾客分析能力 根据顾客需求（性格、身高、肤色、爱好等）为顾客提供简洁、准确的引导和帮助	一、租房的员工具备以下方面 1. 2人或3人合租二室一厅或三室一厅 2. 室内有日常生活的电器设施（如电视机、电磁炉、电风扇、洗衣机等） 3. 室内要干净、卫生、整洁、温馨 4. 注意安全（如随手插拔电源、关闭煤气灶，注意人身安全等） 二、自家居住的员工 室内有日常生活的电器设施（如电视机、电磁炉、电风扇、洗衣机、空调等） 三、生活 简洁、大方、快乐、安全的生活，闲暇时骑车郊游，逛商场，和朋友一起聚会、聊天
课助/课长/岗位标兵/技术标兵	1. 熟悉本课工作流程及商品结构和商品陈列，具有很强的专业技能 2. 能指导和培训员工，了解和关心员工 3. 有一定的协调、沟通和组织能力 4. 有解决问题的能力（妥善处理客诉和退换货等） 5. 能合理调控和管理本部门的库存和业绩 6. 能合理制定本部门计划、目标达成能力 7. 有较强的电脑操作和数据分析能力 8. 能为员工提供公平、公正的平台，制订合理的考核方案	一、住房 1. 60～80 m^2 的房子或二手房 2. 室内有日常生活的电器设施（如电视机、电磁炉、电风扇、洗衣机、热水器、空调、冰箱、电脑、数码相机等） 3. 室内要干净、卫生、整洁、温馨 二、生活 简洁、温馨、温暖的生活，闲暇时与朋友一起逛公园、游泳、看书、上网等，使我们的生活更充实、更有意义
处助/岗位明星/技术明星	1. 熟悉本处工作流程及商品结构和商品陈列，具有很强的专业技能 2. 能指导和培训下属，为公司储备人才 3. 有一定的协调、沟通和组织能力	一、住房 1. 80 m^2 以上的新房子 2. 室内有现代化电器设施（如电视机、电磁炉、电风扇、洗衣机、热水器、空调、冰箱、电脑、数码相机、卫浴设备齐全、整体厨具等） 3. 简洁大方实用的家具（沙发、衣柜、舒适的床等）

（续表）

处助/岗位明星/技术明星	4. 有解决问题的能力（妥善处理客户投诉和退换货、突发事件等） 5. 能合理调控和管理本处的库存和业绩 6. 能合理制定本处计划 7. 有较强的预算能力和目标调控能力 8. 有一定的电脑操作和数据分析能力 9. 能为下属提供公平、公正的平台，制订合理的考核方案 10. 有一定的顾客分析能力和服务意识	4. 室内要干净、卫生、整洁、温馨 二、生活 精致、温馨、浪漫的生活，拥有健康的心态，与家人一起散步、打球、郊游、爬山等。学会享受生活，不断提升生活质量和品位

企业对于员工考核标准中最侧重的是对公司理念的认同和对公司文化的执行。在员工满意的基础上，让别人快乐的情绪，自然能够带动顾客满意。个体这种被尊重、被参与的感受，自然能够提高组织的整体产出。这些利益链条十分明晰：公司对员工好—员工对客户好，对工作尽责—吸引更多的客户，构建健康的上下游关系—稳定持续的利润产出。

胖东来作为民营百货的典范，向来以"超预期服务"著称，"超预期服务"也带来了极高的顾客满意度。其"超预期服务"又来自超高的员工满意度。在胖东来董事长于东来看来，企业经营的本质不是逐利，而是一种存续的经营和文化的普世，如此，胖东来在清晰的价值观指引下，采取行业罕见的高薪酬和高激励，帮助员工规划生活，创造行业闭店休息先河，用开放包容的共赢心态和严格的管理制度保障，实现了组织人性与商业理性的完美结合。

于东来微博摘录

根据现在的经济现状，国家要引导富人，逐步把财富的50%左右分配给你的员工或回馈社会，无论是涨工资或分股份或福利或捐赠，社会充满公平温暖和善良，将会更和谐文明，社会也将更安全健康地进步发展，保护我们这个社会的大环境更是保护自己和家人、朋友和广大的人民！

我就是一个普通的人，由于不成熟，从历经坎坷人生，到成为悟懂人生本质和真谛的践行者；从愚昧无知单一追逐虚伪的功利，到追求拥有乐观、知足、善良、勤奋，分享人生的价值与时光，做一个明世理、活自己、心灵高贵、思想自由、活在当下的自信、阳光的人。

做管理要伏下身为基层排忧解难，服务好他们。只盯着业绩是不会出好结果的，只有让团队每一个成员开心幸福地工作，认真学习提升专业能力，提升个人品德，善良地服务好每一位顾客，才是正确的方向！

3. 向京东学习如何关爱员工

2008年，京东才有1 000多名员工，而到2013年年底，拥有员工人数超过3万人。随着人员规模的不断扩大，培训也被提升为公司级战略。建立京东大学的关键，就是要站在企业的角度长远地看待人员发展问题，这就需要通过系统的方式，借助IT和技术的力量，将组织中的“know how”从人脑转移到电脑，再以电脑转移到网络，使企业从经营产品的企业转变为经营知识的企业。这就是管理的本质是教育的精髓所在。京东Talk模仿国外TED演讲，找到公司业务各个领域的牛人(其中很多都是普通员工)，让他们走上讲台，而且要走过长长的红地毯，登上讲台，灯光从上面打下来。“组织中真正的知识都掌握在一线员工手中，这样做能够让我们的年轻员工感受到尊重，感受到幸福。”同时非常重要的是，通过找到他们，帮助他们提炼工作中的经验，让他们走上京东Talk，逐步推动企业内部的学习氛围，提高管理教育的本质，让员工在这个庞大的组织中找到归属感，感觉到正气和向上的力量。

2016年，京东获评最佳雇主，其福利体系也确实非常令人向往。那么，作为京东一线员工的福利情况具体如何呢？

(1) 薪酬福利篇。京东的一线员工享有全员补贴和特殊补贴。其中，全员补贴有餐费补贴、全勤补贴、工龄补贴；特殊补贴包括夜班补贴、防寒防暑补贴、通信补贴、住房补贴、风雨同舟补贴、高原补贴等。

(2) 员工关怀篇。京东每年为6万名员工体检，同时为家属提供优惠体检；员工结婚、生子都有相应的关怀；同时还成立爱心互助基金，帮助家境困难、适逢灾难的员工；此外，还有一线员工救助基金和春节子女团聚项目，比如2014年春节标准：一个孩子补贴3 000元，多不退少补，就是为了让员工把孩子接到身边过年。

(3) 员工培养篇。京东与北京航空航天大学合作，启动"我在京东上大学""我在京东读硕士"项目，本科、硕士都可以考，奖学金、助学金样样有。

(4) 文化活动篇。每天每班次增加品种不少于10种的零食供给，保证一线员工每周可以吃到不同的零食，一年费用超过4 000万元，而其他类似于价值观行为积分卡计划、全国运营线员工业务技能大赛、我和东哥做校友等福利更是不胜枚举。

除了一线员工外，京东还在2017年4月正式开张了京东幼儿园，名为"京东初然之爱托幼中心"，京东员工子女可以免费入学，不仅托育、饮食免费，还为员工提供免费母婴用品，托幼中心接受4～24个月的小宝宝，提供专业的看护设施和师资条件，员工可以带着宝宝一起上下班，午休时一起吃饭聊天。同年10月，刘强东又宣布与人民大学签订协议，后者的附属小学、附属中学以及幼儿园集体落户亦庄，也可以解决京东员工的子女教育问题。这还不够，京东又同中国幼儿园品牌达成合作，在亦庄建立面积近3 000平方米的京东幼儿园，可以解决将近200名员工入学问题，配套有国际班与双语班，拥有塑胶跑道、沙池、大型玩具游玩场地、儿童游戏区、读书堡等设施，同时还涉及了京东自主研发的人脸识别系统进行360°全天监控，确保孩子安全。难怪有人评论，跳槽也要去京东。

4. 德胜洋楼：管理的本质是教育

德胜洋楼出资成立鲁班木工学校，把农家子弟培养成具有木工精湛手艺的匠师，木工所用教材《木工道德与修养讲义》是自编自写的，《德胜员工守则》中则详细规定了员工的日常操守和行为准则。

德胜员工入职都将拿到一本属于自己的笔记本，上面写着：您即将经历从一个传统农民（即使来自城市，小农意识也是有的）转变为现代产业工人的过程。此过程对您来说是必需的，不可避免的，也可能是痛苦的，但经历过这一过程（或者说阵痛）后，您有可能开始了人生道路上新的旅程。

在《员工手册》中，也有这样的话语："工作之余的时间由职工自己自由支配。但第二天需要从事高空作业、驾驶交通工具及起重机械或第二天必须比正常上班时间提早工作的人（如厨师、早上需 4 点起床），如头天晚上 9 点以后才能休息的，无论因公或因私，均需提出申请，经批准后方可推迟休息。否则，做未经请假擅自离岗处理。如连续三天因头天晚上过度忙于娱乐，不能保证正常的睡眠时间而导致第二天工作精神欠佳者，公司将立即劝其停止上班，等体力及精神恢复正常后方可允许工作。如屡次发生以上情况，公司将对该员工进行复训或做相应的处罚。"

人才的甄选、培育和发展本身就是一个系统的工程，这就需要管理者能够全方位、多角度地构建体系，以德胜洋楼人力资源管理特点为例，管理者或许可以得到一些实践中的启示（见表 3-29）。

表 3-29　德胜人力资源管理特点归纳

德胜人力资源管理特点归纳	
人力资源规划	按照 1855 规则保持必要的员工流动率，即 10%的员工受到重奖，80%予以肯定，5%受到批评，还有 5%的员工考核不合格要被解聘。公司按照 5%的比例调配人员进出。公司人数长期保持在 1 000 人左右
招聘	几乎从不进行外部招聘，主要依靠员工内部推荐和毛遂自荐。公司的管理特点经常被媒体报道，《德胜员工守则》广为流传，其独特的人才价值主张，对于向往这种管理文化的人才形成特殊的吸引力

（续表）

德胜人力资源管理特点归纳	
培训和甄选	氛围工程人员和行政人员。工程人员主要来自公司自己创建的木工学校及内部师傅带徒弟培养；行政人员加入公司之后，都要在管家中心从事三个月的卫生保洁工作，训练其劳动态度，三个月之后依靠同事打分进行考核，合格后方可入职，这也成为德胜甄选适合人才的一种方法
绩效管理	没有精确的目标管理和责任考核，很大程度上依靠员工自觉和顺其自然，但是都要遵循程序管理和制度管理，并依靠质量督察官和制度督察官进行日常管理。对行政人员，尤其管家中心的人员的日常管理还要依靠工作日记。年终考核时受到批评和处罚的依据来自平时的累错，10%受重奖的员工来自总监提名，每年每个总监至少要提名一名员工
工资体系	对工程人员实行日工资制；工程人员工资六个月发放一次，工资直接打到卡里；工人平时可以向公司借钱，公司设定借款上限。对行政人员实行月工资制，不扣不补。公司严禁相互打探工资及奖金数目
奖金公式	$(M\times L+M\times B/12)\times K$ M代表工龄，$M\leqslant 5$；L代表连续出勤天数，$L\leqslant 1\ 500$；B代表本年工资收入；K代表贡献系统，$0\leqslant K\leqslant 5$，K值由公司统一进行裁决。奖金每年12月25日现金发放，现金装袋，袋上直接印名为"钱袋子"
福利待遇	包住不包吃，餐饮价格便宜，每份菜的单价普遍在0.5到1.5元之间，可口可乐等罐装饮料1元/听，这种象征性收费是为了减少浪费。公司雇有专人为员工提供简易医疗和免费理发等生活服务
养老金及其他	员工工作满5年，可享受公司提供的免费出国旅游一次；工作满10年，即获得公司颁发的"终身职工证书"；退休之后可享受公司提供的养老金。养老金管理方面，设有养老金保管委员会和养老体系保障委员会，并按照利润和固定资产增值额对养老金进行剥离，单独进行基金管理。养老金领取方面，工作多少年即可领取多少年，金额与个人所得税起征点和最低月工资挂钩，以适应经济发展和通货膨胀

当然，企业是商业社会的最小组成单元，保持竞争力是企业的立身之本，脱离了商业繁荣谈组织人性，避开经营本身空谈文化和管理是无本之木、无水之源。因此，企业的核心竞争优势从何而来，企业如何构建

自己独有的体系化优势，尤其是劳动密集型企业，就更需要每一个员工、每一个岗位都能充分发挥它的价值，员工不再是纯体力的输出者，而是在工作中用心思考，勤于提升技能。那么，相较于行业内的其他企业，其优势已经显而易见了。

德胜对于工作的标准要求极高，以室内清洁来说，它要求达到5星级标准，甚至还要高。没人住的房子，也要清扫得一尘不染；卫生间镜子和水龙头上不能有水迹；卫生间里不能有一根头发丝；马桶要清洁到里面的水甚至可以喝。

例如，洗马桶这样简单的事情，德胜都要求员工专业、专注，按照程序进行。一倒：在马桶内上沿均匀地倒一圈“威猛”洗洁剂；二泡：让洗洁剂浸泡10分钟，此时可先擦马桶的隔离门、洗手池等；三刷：用毛刷刷干净马桶；四冲：放水把马桶冲干净；五湿擦：用湿布将马桶内外及踏脚处擦一遍，放刷子的底座内的水也要擦干净；六干擦：用干布把马桶外围及桶内水线以上部分的水迹擦干。

5. 提升员工幸福感的方式

华为提倡一线员工“读书破万遍”，追求的是同样的道理。企业的核心能力，不过是帮助消费者满足需求或帮助用户解决实际问题，解决问题的实际能力，来源于日常的坚持和钻研，只有坚持不懈地推行专业主义，才能真正实现企业长久、持续发展。

幸福企业，不是一个概念，它要深植于企业的方方面面，从文化到制度，从基本的人性假设到员工关怀，只有经过系统的思考和持续的改进，才可能构建出商业与人和社会的和谐共生。

《中国幸福企业白皮书》更是综合各类企业幸福指数分析发现，带来员工幸福感提升的因素包括自我发展、自主选择、工作机会、资源保障、组织氛围等。

站在企业管理的角度，则可以从以下十个方面提升员工幸福感。

(1) 工作自主：让员工成为工作的主角，让员工能自主安排和管理。

(2) 员工发展：明确员工职业成长空间、路径和规则，让员工成长有希望。

(3) 身心关爱：帮助员工缓解工作压力，将关爱融入管理沟通，促进身心健康。

(4) 家庭关注：让员工感知到组织及管理者对员工及其家庭的关注和关爱。

(5) 福利细分：引入福利关爱客户化，对员工活动安排能够匹配员工细分需求。

(6) 跨界协作：贯通跨职能、跨团队的水平边界，促进共赢出发的协作支持。

(7) 流程高效：基于客户需求对流程各环节进行增值优化，让工作简洁高效。

(8) 决策参与：让员工能够参与团队事项的管理和决策并受到尊重。

(9) 授权赋能：结果导向、责权对等、能力匹配的授权让一线放手工作。

(10) 价值激励：彰显价值导向并按贡献对员工进行区分和奖励。

(二)"幸福企业"的典型性实践

1. 阿里巴巴的福利体系

阿里巴巴的福利体系主要包括三大模块：财富保障、生活平衡和健康保障。

其中，财富保障除了社会保险和住房公积金外，还主要包括如表3-30所示的措施。

表 3-30　阿里巴巴福利体系包含的内容

财富保障	具体措施
蒲公英计划	秉着“我为人人,人人为我”的互助精神,设立阿里自己的公益基金,当员工家庭(配偶、子女)面临重疾、残疾或身故的时候给予最高 20 万元的经济援助
彩虹计划	为了帮助那些遭遇重大自然灾害、突发事件或重大疾病等不幸,而导致有较大生活困难的阿里人,公司给予一次最高 5 万元无偿的援助金,与员工及家人一起共渡难关
iHome 置业计划	员工最高可以申请 30 万元的无利息贷款以分担首付的压力
小额贷款	在员工结婚、装修、买车、旅行、培训等综合性消费需要贷款时,与商业银行协商提供优惠的小额消费贷款,解决员工临时的资金困难,利率一般为正常利率的 8 折左右,无抵押,手续简单且时间短

生活平衡方面,主要包括集体婚礼、阿里日、年陈、中秋礼包、带薪假期、特色路途假、员工餐饮、团队建设、幸福班车、IBABY 子女教育、年休假、孕妇休息室、健身房等一系列福利措施。

(1) 集体婚礼。

一年一度的集体婚礼,是阿里的传统,也是阿里巴巴汇聚爱、传递爱、感受爱的特殊方式,所有结婚登记日期在上一年 4 月 10 日—本年 4 月 10 日结婚范围内的员工都可以参加,马云主婚,CPO 证婚,全阿里人观礼。

(2) 阿里日。

5 月 10 日,是阿里巴巴一年一度的阿里日,在这一天阿里全球的办公区都会敞开大门迎接大家。阿里日是为了纪念 2003 年 5 月的“非典”时期阿里人的激情和信念。

2003 年,“非典”突袭,阿里一名员工疑似“非典”病人,杭州 500 多名阿里员工以及他们的家人朋友从 5 月 7 日开始被强制隔离。被隔离后，员工只能通过互联网在家里办公，那时全球客户打电话给阿里巴巴时，接电话的有老人，也有小孩，都是阿里巴巴员工的家属。也是在一片恐慌中怀着对未来的信心和信任，阿里在5月10日正式推出了淘宝网，为了感谢所有员工和家属的支持，把每年的5月10日定义为阿里日，用这个精神纪念日感谢家人、亲友和所有伙伴的一路同行。

每年的阿里日，阿里巴巴都会有庆祝活动，举行集体婚礼，并开放公司为"亲友日"，当天，阿里巴巴都会非常热闹，到处张灯结彩，2017年园区就被布置成了三生三世十里桃花（见图3-9）。

图3-9　阿里巴巴的阿里日

阿里日那一天，员工可以穿奇装异服，可以带孩子、家人、朋友到阿里，员工亲友也可以参加各种各样的活动。

阿里日的保留节目就是一年一度的阿里集体婚礼，马云亲自为他们证婚，在阿里日历史上，已经为数千对新人举办婚礼。

(3) 年陈。

每个人在阿里都会过两个生日：一个是出生的日子；一个是进入阿里的纪念日。酒，愈久弥香；人，日久情深。每一个阿里人，都会经历一年香、三年醇、五年陈。五年陈的纪念，是一枚私人订制的指环，如图3-10所示。

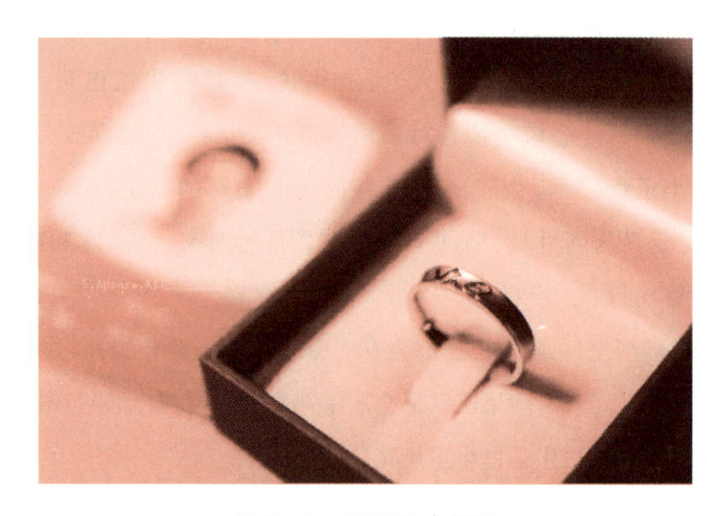

图 3-10 阿里纪念指环

(4) 中秋礼包。

每年中秋佳节，阿里都会给员工提供具有阿里巴巴特色的月饼礼盒，让员工与家人共度佳节。

(5) 带薪假期。

为了保障阿里人的工作与生活平衡，提供了多样的带薪假期，如年休假、病假、孕期检查假。

(6) 特色路途假。

阿里巴巴还有特色的路途假，为探望异地的父母、配偶，每年提供一次最长 3 天的路途假。

(7) 其他福利措施。

每年一次的 outing 及丰富多彩的团队活动、舒适的就餐环境、营养的膳食搭配、免费的晚餐和夜宵、往返杭州和上海的免费幸福班车，以及多种专业的健身器具和教练，加上为解决大部分员工子女来阿里巴巴读书的问题，同时定期开展育儿培训、组织亲子活动、制作亲子杂志等丰富的员工活动，无不透露着阿里的“幸福”味道。

2. 外资公司也是幸福企业的倡导者

和硅谷大多数科技公司一样，领英（LinkedIn）的员工福利非常好。例如，每月一次的"IN Day"，有一期的主题活动是"包容和多样性"，活动内容包括为呼吁人们关注乳腺癌进行的小游行、体验轮椅篮球、将自己的名字贴到世界地图上等。图 3-11 中有 IN Day 活动的一个幸运转盘。从图 3-11 中 LinkedIn 的员工地图可以看到，LinkedIn 有大量来自中国的员工。

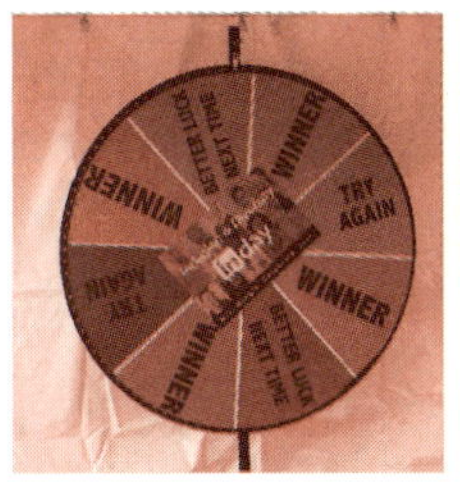

图 3-11　LinkedIn 的"IN Day"活动

LinkedIn 公司餐厅。免费午餐是硅谷科技公司的标配，LinkedIn 员工对 PingWest 介绍说，餐厅不提供托盘，因为有托盘的话很多员工就会打了饭之后拿到工位去吃，而没有托盘可以鼓励员工在餐厅用餐，从而增进员工之间的交流。

公司重视员工重视公司文化，反过来员工也容易对公司形成认同感。图 3-12 中这个"IN"的符号是一位 LinkedIn 员工用乐高积木拼起来送给公司的。现在放在 LinkedIn 公司早年的一个员工餐厅（现在是一个小的休闲区）门口。

T 恤也是 LinkedIn 公司文化的一部分。Hani 介绍说，LinkedIn 几乎任何活动都会做 T 恤来纪念，上市的时候每个员工都收到了一件印有 LinkedIn 股票代码"LNKD" 的 T 恤。这些 T 恤也都是由员工自己设计的，大多数设计都会突出 "IN" 这个标志。图 3-12 中可以看到 T 恤墙。

图 3-12　LinkedIn 的公司一角

图 3-12 示有 LinkedIn 公司健身房。这里不仅有各种健身器械，同时还会提供健身课程，员工可以报名参加。在健身房通往办公室的过道，墙上贴满了员工健身的原因。员工健身的原因非常多，有的是为了能有好身材可以穿比基尼，有的是为了能在吃甜点的时候不用感到内疚，有的是为了获取女孩的芳心。

3. 腾讯的 54 张福利王牌

走进腾讯，最主要的文化制品是 QQ 公仔，人们仿佛来到了企鹅公仔的世界，还有很多绿植、锦旗奖状，这里有多彩的墙面配色、宽松的工位，如图 3-13 所示。

图 3-13　腾讯的公司一角

在这种文化理念下，腾讯的福利待遇体系也是很完善的，堪比城市公交网的班车线路、办公位上四处可见的QQ公仔、加班获得的免费夜宵券，关爱可谓无微不至，真的让员工有家的感觉，大家也以家文化为自豪(见图3-14)。

图3-14 腾讯的文化制品

每一位入职腾讯的新员工都能领到一副"福利扑克"，54张牌，每一张代表一种福利，王牌就是传说中的"10亿元安居计划"，此外，还有家属开放日、30天全薪病假、15天半薪事假、中医问诊、各种保险、腾讯圣诞晚会、各种节日礼包、各种协会……涵盖了员工工作和生活的各个层面，这些项目在腾讯内部专门的福利网站上，被归纳为三大块，即财富、健康、生活，分别由不同的小组负责，图3-15就是这54张福利牌。

腾讯让我们看到，福利体系除了庞大、昂贵，还要有开放的产品心态和用心的用户体验。腾讯大福利团队把每一个福利都当作产品来做，体现出用心，而不是简单用"薪"。如果只把福利当成面子工程，作为不得不开销的预算，那就很难真正激励到员工，让福利变为生产力。关爱和幸福，才是企业给员工最好的福利。

生活
丧事慰问礼金
慰问金
腾讯在员工家属去世的悲痛时期，将提供慰问礼金、邮件关怀等慰问。员工的哀伤，公司感同身受。
fuli.oa.com
生活
入职一周年贺礼
fuli.oa.com
生活
员工班车
腾讯为员工提供便捷的员工班车，员工班车根据各地地域性特点进行线路分布安排。
fuli.oa.com
生活
春节特别假
腾讯每年额外给予员工2天带薪春节特别假，在春节长假中，公司统一安排休假。
fuli.oa.com
生活
年休假
根据工龄，腾讯员工享有7-15天不等的带薪年假，入职满半年后即可申请，员工也可预支当年假期。
fuli.oa.com
生活
腾讯家属开放日
家属开放日，腾讯一家亲。让家属了解员工工作情况以及腾讯文化，让“小家”融合“大家”。
fuli.oa.com
生活
腾讯排球协会
腾讯为员工中的排球爱好者成立了腾讯排球协会。享受生活，享受运动，享受排球。
fuli.oa.com
生活
腾讯电影公社
腾讯为员工当中的电影爱好者成立了腾讯电影公社。定期分享国内外大片，提供资源互换平台。
fuli.oa.com
生活
员工餐厅
腾讯邀请业内优质合作伙伴为员工提供卫生、营养的中式快餐、西式简餐、咖啡饮品、自助餐、会议茶歇等便捷的用餐服务。
fuli.oa.com

Q
健康
家属保险
J
生活
腾讯音乐协会
10
生活
腾讯足球协会
2
生活
生育庆贺礼包
A
生活
入职十周年贺礼
K
生活
腾讯摄影协会
5
生活
腾讯茶水间
4
生活
结婚庆贺礼包
3
生活
Q宝宝靓号

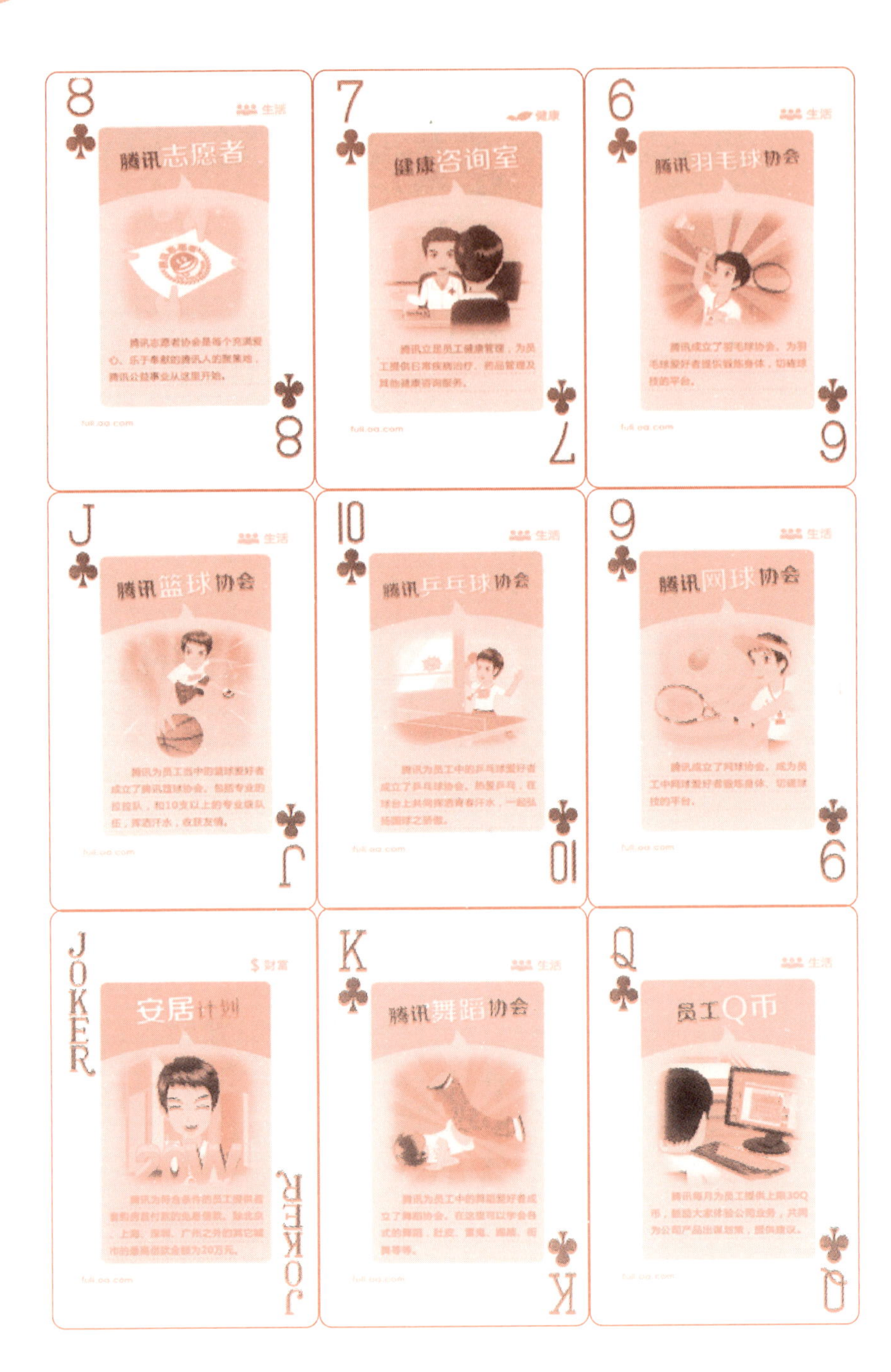
8
生活
腾讯志愿者
7
健康
健康咨询室
6
生活
腾讯羽毛球协会
J
生活
腾讯篮球协会
10
生活
腾讯乒乓球协会
9
生活
腾讯网球协会
JOKER
财富
安居计划
K
生活
腾讯舞蹈协会
Q
生活
员工Q币

3
生活
腾讯带薪假期
2
生活
30工作日
全薪病假
A
生活
年度团队建设活动
6
$ 财富
社会保险
5
$ 财富
住房公积金
公积金
4
生活
端午节礼包
10
生活
中秋节礼包
8
生活
腾讯形象店
image
7
生活
腾讯文化日

Q
健康
补充医疗保险
腾讯为员工提供了补充医疗保险，可以通过保险公司获得赔付90%的门诊费用，或100%的住院费用。
full.oa.com
J
健康
关爱大讲堂
关爱大讲堂
腾讯邀请各行业内资深专家及知名人士，为员工及家属提供疾病防治、职场压力、婚恋家庭等一系列身心健康精品课程。
full.oa.com
9
健康
重大疾病保险
腾讯为员工提供重大疾病(33种重大疾病)的保障，员工可通过重大疾病保险获得15万元的保险金。
full.oa.com
2
健康
海外差旅保险
腾讯为出差海外的员工提供海外差旅保险，保障员工的财产损失、意外伤害、医药补偿、医疗运送等。
full.oa.com
A
生活
腾讯圣诞晚会
自腾讯创立伊始，全体员工在每年的圣诞前，都会齐聚一堂，每年的圣诞晚会已经成为腾讯人共同期盼的狂欢夜。
full.oa.com
K
健康
健康体检
腾讯每年为员工提供一年一度的身体健康体检，科学检测大家身体的最新状况，尽早预防各类健康风险。
full.oa.com
5
生活
产检假
腾讯为更好的关爱孕期女员工，对于符合计划生育政策的孕期女员工给予累计最高10个工作日的全薪产检假。
full.oa.com
4
生活
腾讯公益假
腾讯支持公益项目，当员工作为志愿者去通过行动帮助他人，特别给予1天的带薪假期，作为腾讯公益假。
full.oa.com
3
健康
身心健康热线
腾讯为员工及其家人聘请资深医学专家、国家级心理咨询专家提供一对一咨询和辅导，随时解答您身心健康方面的问题和疑惑。
full.oa.com

图 3-15　腾讯新员工入职的扑克牌

第四章 认可：更有效的正向激励措施

本章导读

从负向激励走向正向认可激励，成为管理的主流思潮，这就要求管理者善用认可的力量，激发员工内在的工作动力，同时，通过内部客户化、内部客户认可等方式，结合标签、点赞、打赏等数字时代的新激励手段，真正让员工感受到工作的乐趣，激活员工，持续传播正能量，打造高绩效。

知识重点

认可激励、保健因素、激励因素、内部客户化、周边协同、内部客户认可、标签、点赞、打赏、双重认可

一、管理者的二度修炼：善用认可的力量

（一）行之有效的管理措施：认可激励

新时代的员工多样化需求更加明显，更加注重自我，这些都对管理者提出了更高的管理要求。在企业管理实践中，相信管理者经常遇到如下一些人力资源管理问题。

（1）如何有效、低成本地激励员工？

（2）如何最大化组织中70%以上的人力资源效能？

（3）如何营造组织内部的正能量？

（4）如何在组织内建立透明的、有趣的、共同认可的管理文化和管理规则？

（5）如何更加数据化、科学化地评价员工的表现？

在新时代、新思维下，管理者必须进行二度修炼，首先要从正向激励开始。正向激励机制是对人的行为进行正面强化，使人以一种愉快的心情继续其行为，并进一步调动其积极性。负向激励则是对人的行为进行负方向的强化，采用批评、责怪、处罚等强制性、威胁性的方式，杜绝某类行为的发生。

正向激励以激励、褒扬等方式为主，通常有两种形式：一种是奖金、提成、带薪休假、期权等物质奖励；另一种是信任、表扬、提拔等精神奖励。负向激励的目的在于使员工产生危机感，督促员工始终保持良好的职业道德与行为习惯，主要形式有批评、罚款、降职、淘汰等。正向激励、负向激励均是激励机制的组成部分。根据"权责利对等"的原则，在实际工作中，正向激励、负向激励应有机配合使用，不可偏废。过度强调正向激励的作用而忽视负向激励的约束作用，与过分注重负向激励的威慑力，不注重发挥正向激励的积极效应一样，都是不正确的和片面的管理方法，不利于团队执行力的有效发挥。

因此，如果企业运用传统的人力资源管理手段感到捉襟见肘、效果不佳时，不妨使用一种新的人力资源管理工具——认可激励系统。在互联网技术高度发达的今天，与互联网相结合的认可激励系统为企业的人力资源管理提供了新手段。那么，究竟什么是认可激励？它又从何而来呢？

正如许多国内先进的管理理念源于西方一样，"认可激励"也是舶来品。

“认可激励”中认可的英文是 recognition，意思是“承认、认可、接受、赞誉、赏识”。认可激励在西方的管理实践中早有历史，而且很受西方管理界重视。

认可（recognition）激励是指全面、及时承认员工对组织的价值贡献及工作努力，并及时对员工的努力与贡献给予特别关注、认可或奖励，从而激励员工开发潜能，创造高绩效。

自己对组织的价值得到承认且被人赏识，是员工的一种内在心理需要，通过对员工的行为、努力和绩效给予赞扬和感谢，组织创造良好的环境和平台，让员工的潜力得到最大限度的发挥，进而提升组织的人力资源效能。

读过美国通用电气公司前 CEO 杰克・韦尔奇自传的人肯定对韦尔奇的便条式管理记忆犹新（见图 4-1）。《杰克・韦尔奇自传》一书中提及 1998 年韦尔奇对杰夫写的便条：“……我非常赏识你一年来的工作……你准确的表达能力以及学习和付出精神非常出众。需要我扮演什么角色都可以——无论什么事，给我打电话就行。”

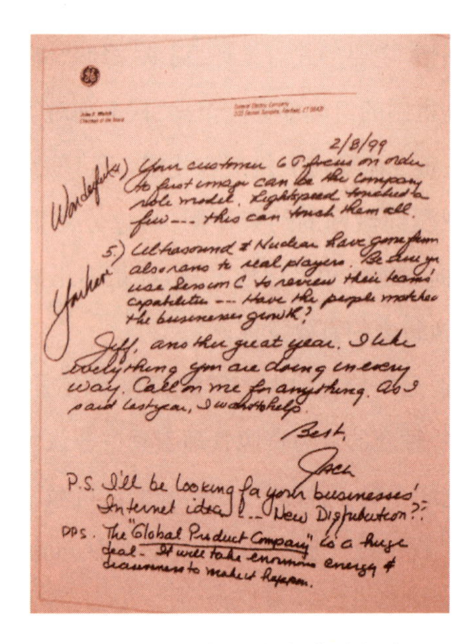

2/8/99

Wonderful! 4) Your customer 6σ focus on order to first image can be the Company role model. Lightspeed touched a few --- this can touch them all.

Yahoo! 5) Ultrasound & Nuclear have gone from also-rans to real players. Be sure you use Session C to review their teams' capabilities --- Have the people matched the businesses' growth?

Jeff, another great year. I like everything you are doing in every way. Call on me for anything. As I said last year, I want to help.

Best,

Jack

P.S. I'll be looking for your businesses' Internet ideas! ... New Distribution?

PPS. The "Global Product Company" is a huge deal. It will take enormous energy & [illegible] to make it happen.

图 4-1　杰克・韦尔奇的便条

认可激励的初级形态就是管理者的对同事或对下属员工的称赞和认可行为（当然绝非发源于杰克·韦尔奇），然而这种行为常常是随机的、偶发的。

2000年以来，随着知识型员工的崛起以及西方管理学界对知识型员工管理问题的重视，西方尤其是美国的众多公司纷纷制定了各自的"员工认可""员工奖励"计划，这些计划的内容包括员工康养计划、走动式管理、弹性工作制、培训发展计划等。近年来，随着互联网的快速发展和深入影响，借助全面认可激励信息化系统，认可激励从线下行为走向线上，并根据员工的积分记录，为实现大数据管理奠定了基础。国外甚至出现了从事认可激励信息化系统的软件公司，专门从事认可激励系统的实施与服务，如Achievers，Rypple（原来为Facebook提供认可激励服务，后被收购）。总之，与互联网相结合的认可激励系统或平台则成为认可激励发展的高级形态。

员工的激励问题一直是人力资源管理的核心问题之一。员工既需要物质激励，也需要非物质激励，两者同样重要。"物质激励像山，厚重；非物质激励像水，上善若水，温暖。"企业的人力资源激励政策如果只盯着物质激励，组织就会变成物欲横流的机器。拿多少钱办多少事，这样的组织氛围显然是有害的。钱永远不可能解决所有的问题。

20世纪50年代末期，美国管理学家赫茨伯格（Fredrick Herzberg）通过对上千调查案例的研究提出了著名的双因素理论，他认为存在两种性质不同的因素对员工的工作产生影响，即保健因素和激励因素。

赫茨伯格从1 753个案例的调查中发现，使员工感到非常满意的因素，主要是工作的成就感、工作本身带有挑战性、工作中获得的认可和赞赏等（见表4-1）。认可激励成为工作中的激励因素的重要一项。

表 4-1　双因素理论

保健因素(外在因素)	激励因素(内在因素)
公司的政策与行政管理	工作上的成就感
与同事之间的人事关系	工作中得到认可与赞赏
工作环境或条件	工作本身的挑战意味和兴趣
薪酬	工作职务上的责任感
职务、地位	工作的发展前途
工作的安全感	个人成长、晋升的机会

因此,各级管理者都应该掌握一些柔性的人力资源管理手段。认可激励系统正是在制度层面和管理层面为企业提供一套行之有效的非物质激励工具。

从管理大师德鲁克先生提出"知识型员工"开始,知识型员工的管理已经成为企业界和管理学界的关注课题。德鲁克认为,知识型员工具有如下明显特点。

(1) 知识型员工普遍具有相应的专业特长和较高的个人素质。

(2) 具有实现自我价值的强烈愿望。

(3) 高度重视成就激励和精神激励。

(4) 具有很高的创造性和自主性。

(5) 具有较为强烈的个性及对权势的蔑视。

(6) 工作过程难以实行监督控制。

(7) 工作成果不易加以直接测量和评价。

(8) 工作选择具有较高流动性。

德鲁克先生这些论述发表于 20 世纪 80 年代中后期,即使在今天看来也十分贴切、准确,管理大师的洞察力和预见性是非凡的,是超越时代的。现如今知识型员工的管理也是中国企业关注的管理课题。

人才激励一直是企业人力资源管理的核心。激励的工具有许多,货币报酬是其中最被广泛应用的一种。但是随着企业人力资源管理不断深入,货币报酬的弊端与局限逐渐显现,如工资总额的限制、基本薪酬刚性特征等。认可激励由此进入雇主的视野。

认可激励是指组织通过正式或非正式的方式承认员工的绩效贡献并对员工的努力给予特别关注。在总体报酬体系中，认可激励属于非货币报酬的一部分，它是企业的“心酬”，是企业对员工进行的情感投资，体现了企业对员工精神需要的关注，也表达了企业践行并期许的平等、信任、共赢的文化。认可激励基于潜能管理思维，不仅可以驱动员工完成绩效，同时可以释放员工无限潜能，这可以有效弥补目标管理的缺陷。

在美国，认可激励已遍布90％的企业，而这一理念在中国的运用却十分有限，仅为我们熟知的工龄奖、全勤奖、优秀员工奖等。事实上，认可应该也可以“无时不在，无处不在”。它可以：激励绩效提升，激励标杆行为，激励公民行为，激励员工忠诚，激励员工成长，激励客户忠诚等。

通过以上各个方面，认可激励能够帮助改善企业在绩效管理、薪酬管理、人才保留等方面的困境，又能够满足企业控制人工成本、提升员工满意度、忠诚度的诉求，同时能够助力企业挖掘人才潜力、传递企业文化和价值观、营造充满正能量的工作氛围，巩固并加强企业凝聚力，最终实现持续的绩效提升。

当然，真正的认可激励要实现动态性，要做到无处不在、无时不在、无所不用其极，这就需要IT系统的技术支持。

(二) 善用认可的力量

1. 认可激励的两个角度

管理者在使用认可激励的时候，可以从以下两个角度出发。

(1) 个体存在的认可。

对员工来说，认可个体的存在，意味着他人意识到自己存在，愿意考虑自己的需求。员工作为一个完整独立的人，一个有着自己独特的生理、心理、情感以及认知特征的人而被尊重。个体存在认可可以通过正式的形式来实现，但更多的是一些非正式的、非物质的认可形式，例如以下七种。

① 定期向员工说明公司目标和战略。

② 在项目的设计和指导阶段咨询员工，使其参与其中。

③ 批准授权个性化的安排和弹性工作时间。

④ 在工作中给员工一定的决策权限。

⑤ 提供培训和升级课程以促进员工发展。

⑥ 提高管理者的可见性/可访问性。

⑦ 鼓励员工在工作中互相支持。

比如海底捞给员工的打折权利，谷歌给全体工程师开放源代码等措施，本质都是一种对个体存在的认可。

(2) 工作表现的认可。

认可工作表现，意味着关注员工在履行职责时采用的方式方法，关注他们的行为、技能、专业资质；关注与员工的工作过程，特别是他们的创造性、创新性以及对工作方法的持续改进。认可员工的工作表现，强调的是“员工做了什么”，而不是“他们是怎么样的人”，具体可以通过以下五种方式实现。

① 鼓励对员工的专业资格的反馈。

② 让管理者认可每一个团队成员的专长，并根据他们的能力分配任务。

③ 在团队评价和员工绩效评估中考虑工作过程的因素。

④ 给予专业行为奖励，建立奖励创新方案。

⑤ 收集来自客户的个性化感谢信，表彰员工提供的服务质量。

2. 李锦记的认可员工计划

李锦记的员工敬业度长期保持在85%～90%的水平，远远超过了中国最佳雇主70%的平均值。同时，3%以内的离职率更是招来了保健品同行的嫉妒眼光。此外，还多次入选亚洲及中国最佳雇主，这些都与公司竭力推行的认可员工计划密不可分。

李锦记认为，认可是激励员工的更好的方式。其掌舵人李惠森对手下的高管人员常说一句话："需要用得着我去表扬你们下属时，尽管找我。"在他看来，及时的认可不仅会使得员工觉得公司对自己的工作是尊重的，也对员工起最好的鞭策与激励作用，并且同时也给员工一个明确的信号：公司支持他的行为。

当然，李锦记管理人员表扬员工时，采用的方式有很多，有时是去和员工握一下手，或是说声"谢谢"，或是发封邮件，或是写张便条给员工表示感谢。用得最多的是手机短信的方式表示祝贺，由人力资源部组织，在公司内部局域网系统设置一项功能——群发短信。管理人员可以在电脑上输入，短信群发将祝贺在第一时间发送到有关员工的手机上。绩效结果从上季度的B上升到本季度A的部门，更会收到总经理李惠森亲自发来的表示祝贺的手机短信。

对完成某一项目的员工，除在正式会议上公开表扬外，高级管理人员会亲自邀请员工到外面吃饭，并打电话给员工的亲人表示感谢，或是送个小礼品；成功完成较大项目的，按规定从专项经费中提取一定比例的资金，奖励项目组成员出外旅游。

除了物质奖励外，"私下认可"作为一种肯定员工的激励方式在李锦记得到了广泛应用。李锦记的指导原则是：值得表扬的，并不一定是公开场合的表扬，但一定要给员工一种很好的感觉——自己的工作得到了上司的肯定。

为感谢那些在公司服务满5年、10年时间的员工，李锦记颁发刻有名字的纪念奖杯。公司后勤有一个专门负责做饭的员工，一直默默无闻地服务了5年，在入职5周年的员工答谢会上，在外地出差的主管副总经理特地赶回来，亲自给她颁发服务5周年的纪念杯。

3. 惠普“金香蕉奖”

在惠普，曾经有一名工程师匆匆忙忙地跑进主管办公室，提出了一个困扰研发团队数月难题的解决方案，主管非常激动，当下就想给这位工程师奖励，但是一时间却找不到合适的奖品，最后出人意料地将为自己午餐准备的香蕉递给了这位工程师，并且说道：“这个给你，你做得真好！”这个举动起初有点让人摸不着头脑，但却渐渐在公司内部流传，竟然变成了一个非常受大家认可的奖励方式，最后公司为此专门设立“金香蕉奖”，奖品是由香蕉演化而来的“金香蕉”形勋章，并作为公司的最高荣誉奖章之一，专门用来奖励具有创造性和发明才能的员工。

4. 戴蒙德工厂“100分俱乐部”

相对于惠普“金香蕉奖”的机缘巧合，戴蒙德国际工厂的“100分俱乐部”则更加复杂和具有计划性。1981年，厂长发明了一种生产率激励计划，称之为“100分俱乐部”，计划非常简单。

(1) 无论哪个雇员，只要在全年工作中没有发生任何工作事故，那么，他可以得到20分。

(2) 如果他100%出勤则可得到25分。

每年的2月2日(这项计划的开展周年纪念日)这一天，分数被计算出来，并送到每个雇员的家里。

(1) 如果雇员的分数达到100分，就会得到一件浅蓝色的夹克，上面饰有公司标志和“100分俱乐部”成员身份的臂章。

(2) 对于那些总分超过100分的雇员，可以收到额外的礼物。

(3) 达到500分的雇员可以从诸如家用食品搅拌器、烹饪器具、壁钟或纸牌游戏板等礼物中任选一件。

戴蒙德的管理班子一针见血地指出：这些奖品，没有任何一件超出雇员们的购买能力，其真正的价值在于它是公司表示感激的一种标志。1983 年，戴蒙德国际工厂的生产率提高了 16.5%，与质量有关的差错率降低了 40%，工人的不满意见减少了 72%，由于工业事故而损失的时间减少了 43.7%。这种转变意味着戴蒙德工厂为其母公司增加了超过 100 万美元以上的毛利润。

5. 南瑞集团企业文化激励卡

其实日常工作和生活中，有很多方式都是认可激励的方式，如学校给小朋友发放的小红花、如南瑞集团给员工颁发的激励卡、阿里巴巴给员工颁发的“一年香、三年醇、五年陈”等。

以南瑞集团为例，为鼓励全员主动践行集团文化，组织开展了企业文化激励卡活动，具体规则如下。

(1) 分公司领导班子、副总工程师、部门正副经理等管理者每人每月拥有可发放激励卡 2 张。

(2) 管理者秉持公开、公正、严肃、认真的态度，以及关注践行南瑞优秀特色文化“务实创新、开放合作、严谨高效、敬业忠诚”行为本身，鼓励微小进步的原则，选择激励卡授予对象。

(3) 管理者不可在一个月内将 2 张激励卡授予同一名员工，但一名员工可在一月内接受不同管理者的多张激励卡。

(4) 管理者可以将表现特别突出的获奖员工推荐给上级管理者。

(5) 每张激励卡封面右下角标有积分，员工可累计积分，折算成奖金、书籍、培训基金(分值加倍)、工具等奖品，积分当年有效。

(6) 公司对获奖员工进行公示表彰。

(7) 积分累计情况作为年终绩效考评依据之一。

6. 其他认可激励方式

除了“金香蕉奖”“100分俱乐部”等激励方式以外，每家企业都可以采取很多独具创意又收效良好的认可激励方式，如以下八种方式。

(1) 优秀员工可以获得企业最高领导者签名的笔记本或书籍。

(2) 每周安排一次用领导者专车接送本周表现最好的员工。

(3) 在公共区域设置光荣榜，将突出绩效贡献的员工照片和事迹张贴展示。

(4) 为连续考核前三名的员工提供额外的带薪假期或公费旅游。

(5) 定期开展最佳团队评选，设立流动红旗，奖励表现最突出的团队。

(6) 邀请优秀员工的家人来公司参加年度庆功晚宴并公开感谢其对公司工作的支持。

(7) 为工作满一定年数的员工颁发成就奖。

(8) 各种单项奖励(最佳精神风貌奖、最佳业绩贡献奖、最佳颜值奖、最佳团队奖等)。

当然，除了以上认可激励方式外，还有包括对工作奉献的认可，对工作结果的认可等多种方式。其实，认可并不能直接提高员工绩效，而是通过改善员工工作态度和行为实现绩效改善，比如，提高工作满意度、提高组织忠诚、组织承诺等。因此，认可可用于奖励与企业文化、价值观、战略和业务保持一致的行为。通过认可员工的价值，来提升整体工作能力和绩效水平。

某家知名企业因为提出了超级的目标追求，而使得员工上下议论纷纷，在这种背景下，企业推出了认可激励计划，具体如表4-2所示。

表4-2 某公司认可激励计划表

一级勋章	人数控制在5%，获得者直接晋升3级薪级，加薪30%，赠予10倍年薪股票，30g纯金勋章，荣誉大道挂相，加入集团精英俱乐部，命名产品品牌，进修机会(30万元)，外出考察，家庭旅游(欧洲10日)，和董事长吃饭

（续表）

二级勋章	人数控制在10%，获得者直接晋升2级薪级，加薪20%，赠予5倍年薪股票，20 g纯金勋章，办公区形象展示，加入集团精英俱乐部，命名产品品牌，进修机会(15万元)，外出考察，家庭旅游(日韩7日)，和总裁吃饭
三级勋章	人数控制在20%，获得者直接晋升1级薪级，加薪10%，赠予3倍年薪股票，10 g纯金勋章，办公区形象展示，加入集团精英俱乐部，命名产品品牌，进修机会(5万元)，外出考察，家庭旅游(港澳台5日)，和高管吃饭

结果可想而知，超级目标并没有实现。这也从侧面验证了该观点：认可激励无法取代业绩考核，也无法直接同业绩表现挂钩。

除了积分、勋章和卡片以外，认可激励也有很多种其他形式，比如内部客户评价、外部客户贴标签和点赞、内部行为评分与荣誉体系等，在本书的后文，将会详细地为各位读者一一介绍。

二、多维交互的认可激励模式

（一）内部客户化：认可提高周边协同

互联网技术的出现，以及更加巨大的变革与冲突，导致不确定性增加，一切都在重构之中，我们看到一个与之前都完全不一样的情形出现，那就是管理的效率不仅仅来自分工，更来自协同，因而要求组织具备一些新能力："强链接"能力，构建柔性价值网，形成共生逻辑。

以上是北京大学陈春花教授的观点。笔者也非常认可，认为"花姐"真正地把握到了时代的脉搏。那么，作为管理者我们是否能够通过认可的方式，通过内部客户化的管理手段，提高内部协同，实现价值共生呢？

内部认可体系发展经历了三个不同的阶段：第一个阶段是内部客户满意度调研；第二个阶段是周边协同评价；第三个阶段是内部客户认可。不同阶段的内部认可体系包括以下三个操作要点。

1. 内部客户满意度调研

内部客户满意度调研一般采取360度评估的方式进行。在实践中，利用360度评估增进内部客户满意度要解决三个关键问题:内部客户满意度调查的工具如何设计?内部客户满意度调查如何组织实施?内部客户满意度调查的结果如何分析和应用?

首先,内部客户满意度调查一般辞去问卷的形式,笔者认为内部客户满意度调研问卷问卷设计应该包括四个方面:如何界定内部客户关系;如何根据不同的内部客户设计针对性的评估指标;如何对评估指标赋予权重;如何设计计分规则。

其次,在内部客户满意度调查实施时,主要包括组织实施的牵头部门、外部机构确定、问卷填写人员的确定,以及采取何种方式进行打分的确定。

最后,内部客户满意度调研结果处理方面,也要注意一些要点,比如当存在多级内部客户关系时,每一级中又有多个内部客户时,如何在评估者中分配权重?评估周期如何确定,是年度还是半年度还是两年度?评估结果如何得出?如何与其他管理手段的联动?

为了更具体地解决实践中最关键的三个问题,以下将从内部客户满意度评价的总体工作思路和程序展开论述。主要包括六个环节:界定内部客户关系;建立内部客户满意度模型;设计调查问卷;组织实施问卷调查;统计分析问卷调查结果;撰写相关报告和文件。

(1)第一步,界定内部客户关系。

内部客户关系的准确界定是建立内部客户满意度模型的基础,也是抽样调查的基础。一般可使用访谈、问卷调查、资料研究(包括部门职责、流程图)等方式来梳理内部客户关系,在此基础上提炼总结内部客户关系的类型,最终形成内部客户关系图。

访谈主要对象是各部门的管理层以及参与部门协同工作较多的骨干员工,访谈的目的是清楚了解:被评价部门为哪些部门服务,关键服务内容是什么;哪些部门为被评价部门服务,关键服务内容是什么;此外,与相关部门的关系紧密程度如何。

问卷调查作为一种标准化程度较高的收集信息的工具，能够调动全员参与，较为全面地了解各部门职责、流程、部门间服务关系、服务内容，以及在实际工作中出现的内部客户服务方面的不足之处。

此外，通过内部管理制度、流程、部门职责说明书等资料可进一步补充和收集内部客户关系相关信息。

通常，内部客户关系可根据服务内容分为以下四类。

① 流程服务。主要服务内容可分为数据、信息、资料提供，以及权责关系上存在审批、审核等关系。

② 职能服务。主要服务内容为产品或者方案的提供、任务协作关系等，比如行政部门向各部门提供办公用品、信息部门进行公司等信息系统开发与维护、产品部门与市场部门在营销上等协作。

③ 管理服务。主要服务内容为政策制度等制定和咨询、指导。

④ 战略联动。主要服务内容为战略性任务的配合，比如各部门对人力资源改革等战略性任务的支持程度。

在访谈、问卷调查、资料研究等基础上，作出内部客户关系初稿，根据内部专家和各部门的意见进行修改，最终形成各部门的内部关系图。

以中国银行业务部为例，内部客户关系及服务内容，如表 4-3 所示。

表 4-3　中国银行内部客户关系及服务评价内容

被评价部门	内部客户	评价内容
业务部	国际结算部/银行卡中心/电子银行部/全球金融市场部/托管及投资者服务部/营业部	对产品部门业务发展的支持
	个人金融部/金融机构部	对营销活动的支持
	授信执行部	不良资产接收和处置过程中的协作
		授信执行过程中的信息、资料提供
	信息科技部	信息系统开发工作配合

被评价部门	内部客户	评价内容
业务部	海外机构管理部	参与海外机构矩阵式管理
	人力资源部/奥运办/董事会秘书部/法律合规部/IT 蓝图办/办公室/资产负债管理部/财会部/风险管理部	战略任务或政策实施的配合支持
	境内一级分行/海外机构	规章制度制定
		业务指导与支持

(2) 第二步,建立内部客户满意度模型。

内部客户满意度模型是对应内部客户关系条件下的满意度评价指标体系,一种特定的内部客户关系对应一个特定的内部客户满意度模型,即一套评价指标。内部客户满意度评价指标可分为三大类别。

① 过程性指标。反映内部服务过程的指标,包括及时性、主动性、沟通性、态度、效率等。

② 结果性指标。反映内部服务结果的指标,包括合理性、可行性、有用性、问题解决的成效等。

③ 综合性指标。对内部客户满意度进行综合评价的指标,包括服务改进状况、总体满意度等。

内部客户满意度评价指标遵循以下三个原则。

① 以部门间主要的、实际发生的内部客户服务关系为依据。

② 满意度评价指标与内部客户服务内容相对应,反映对服务内容的核心要求。

③ 满意度评价指标同时强调内部客户服务的过程与结果两个方面。

建立内部客户满意度模型,首先,通过访谈、问卷调查等方式对影响内部客户关系等因素进行调查分析;其次,通过文献资料等研究,如部门职责、实践案例、研究文献等对内部客户关系影响因素进行完善,在此基础上初步形成内部客户满意度模型,即满意度评价指标体系。

美国的 Berry 提出的 SERVQUAL 模型是国际上最流行的服务满意度要素模型。经过华夏基石改造的模型，如图 4-2 所示。

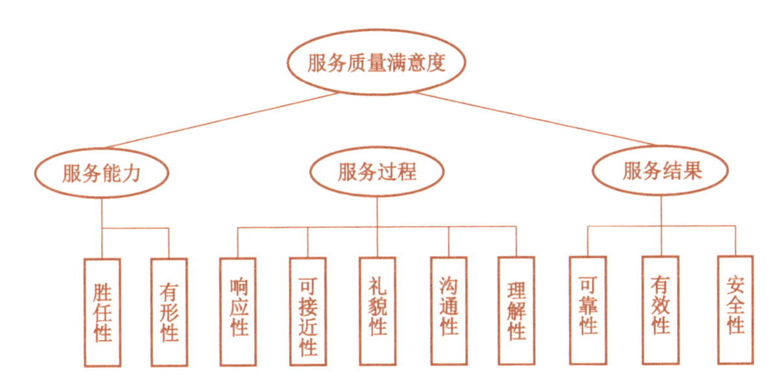

图 4-2　经华夏基石改造后的 SERVQUAL 模型

以麦肯锡为人保集团做的内部客户满意度调查为例，其总部同级部门间、下级公司对总部部门的满意度调查，如图 4-3 所示。

评估项目	1 （需重大改进）	2 （需相当改进）	3 （尚可）	4 （完全达到期望）	5 （特别优异）
• 与相关部门配合的及时性	• 对相关部门提出需配合的工作，很多没有在规定时间内进行回复，需几经催促才得到回复；当临时发生问题时，找不到相关人员沟通	• 对相关部门提出需配合的工作，时有延迟回复的现象发生；在临时发生问题时，难以找到相关人员沟通	• 对相关部门提出需配合的工作，大部分在规定时间内进行回复，特殊情况下延迟回复；在临时发生问题时，有时可以找到相关人员沟通	• 对相关部门提出所有需配合的工作，都在规定时间内进行回复；在临时发生问题时，容易找到相关人员，及时沟通问题	• 对相关部门提出需配合的工作，经常在此规定时间更短的时间内进行回复；在临时发生问题时，随时可以找到相关人员，及时解决问题

评估项目	1 （需重大改进）	2 （需相当改进）	3 （尚可）	4 （完全达到期望）	5 （特别优异）
• 对下级公司回复的及时性	• 对下级公司提出需配合的工作，很多没有在规定时间内进行回复，需几经催促才得到回复；当临时发生问题时，找不到相关人员沟通	• 对下级公司提出需配合的工作，时有延迟回复的现象发生；在临时发生问题时，难以找到相关人员沟通	• 对下级公司提出需配合的工作，大部分在规定内进行回复，特殊情况下延迟回复；在临时发生问题时，有时可以找到相关人员沟通	• 对下级公司提出所有需配合的工作，都在规定时间内进行回复；在临时发生问题时，容易找到相关人员，及时沟通问题	• 对下级公司提出需配合的工作，经常在此规定时间更短的时间内进行回复；在临时发生问题时，随时可以找到相关人员，及时解决问题

图 4-3　人保采团内部客户满意度调查

最后，基于既定的内部客户关系，综合各种信息，与各部门进行沟通，根据其反馈意见完善各部门内部客户满意度模型即满意度评价指标体系。

以中国银行业务部为例，其内部客户满意度指标，如表 4-4 所示。

表 4-4　中国银行内部客户满意度指标

被评价部门	内部客户	满意度评价指标
业务部	风险管理部	—相关数据、信息、资料提供的及时性和可靠 —合作(支持配合)的响应性与态度 —合作(支持配合)过程中的沟通与理解性 —风险管理相关合作(支持配合)的成效 —工作反馈的接受程度
	一级分行	—政策、制度制定的可操作性与有效性 —政策、制度制定的沟通、解释与反馈 —业务辅导与支持的响应性 —业务辅导与支持的成效 —辅导、支持和协作过程中的态度与理解性 —工作反馈的接受程度

(3) 第三步，设计内部客户满意度调查问卷。

内部客户满意度调查问卷，即将内部客户满意度指标转化为行为描述的形式，采用等级变量或者连续变量的方式进行计分。问卷的问题包括各项指标的打分及总体满意度的打分。

采用等级变量时，一般可分为五个满意度水平，根据其含义赋予不同分值。

A 为非常满意，对应 120 分。

B 为满意，对应 100 分。

C 为基本满意，对应 80 分。

D 为不太满意，对应 60 分。

E 为不满意，对应 0 分。

不同的满意度水平以相应的典型行为描述的方式呈现，如图 4-4 所示。

第三题 在合作过程中，公司业务部与本部门的沟通状况如何？

A	沟通非常顺畅，深入理解本部门的解释、说明、意见和建议，对于存在的分歧，积极主动地进行认真、充分的协商，共同努力寻找建设性的解决方法。
B	沟通状况良好，正确理解本部门的解释、说明、意见和建议，对于存在的分歧，积极进行协商，提出的质疑或要求总是合情合理、言之有据。
C	沟通状况尚可，能听取本部门的解释、说明、意见和建议，提出的质疑或要求大多符合情理，对于存在的分歧，基本能通过协商来解决。
D	沟通不够顺畅，不太注意听取本部门的解释、说明、意见和建议，有时不是在相互协商的基础上提出合理的方案，而倾向于单方面地提出要求或质疑。
E	通常不能进行有效沟通，不听取本部门的解释、说明、意见和建议，不是在相互协商的基础上提出合理的方案，而总是单方面地提出要求或质疑。

图 4-4 公司内部满意度等级变量评价指标示例

采取等级变量的计分方式的优点是简单直观，便于评价人打分，但可能存在打分结果过度集中化、区分度小的缺点。此时可采用连续变量的方式对总体满意度进行调查，可将评分的区间扩大，以提高满意度调查结果的区分度，如图 4-5 所示。

第七题 总体来说，您对公司业务部是否满意？

请在此填写代表满意水平的数字：________

1	2	3	4	5	6	7	8	9	10

很不满意　　　　很满意

图 4-5 公司内部满意度连续变量评价指标示例

(4) 第四步，组织实施内部客户满意度调查。

内部客户满意度调查实施包括确定评价人、确定实施形式、组织实施。鉴于各部门负责人或团队主管通常参与部门间沟通协调工作较多，对各部门服务情况较为熟悉，因此评价人分为两类：部门负责人或其指定的其他部门管理人员、团队主管。实施形式包括书面问卷调查和电子问卷调查两种，视情况采取现场调查或非现场调查。采取信息化手段能够提高调查实施、数据处理的效率，节省人力、时间成本。因此，当条件具备时应尽量采取信息化手段实施。

调研完成后，需要对问卷进行检查和检验，统计有效回收率，确保数据的准确度。

(5) 第五步，统计、分析问卷调查结果。

数据处理涉及三个方面：首先，须针对同一被评价部门的不同调查对象赋予权重；其次，对于作为评价者的部门内部管理者和团队主管之间赋予权重；最后，根据关系密切程度再次进行加权平均，关系密切程度分为非常紧密、紧密、松散联系，权重建议设为50%、30%、20%。

经数据统计、计算后得出各部门内部客户满意度得分及系数，应用于绩效结果中。同时，由于部门间关系具有独特性、具体性和多面性，评价内容和指标差异较大，在总体上分析内部客户满意度的针对性较弱，须针对各部门分别进行内部客户满意度分析，与各部门进行沟通与反馈，以期发现问题，促进内部服务质量的改进。

此外，内部客户满意度的调查可基于内部服务规范开展，各部门确立内部客户关系，建立内部客户关系服务规范和标准，包括服务内容和相应的服务标准，以此为依据设计内部客户满意度问卷或考核表。根据被评价部门的实际表现与该部门的服务规范和标准之间的达成程度进行内部客户满意度评价，此内部客户满意度评价（考核）与一般绩效考核的原理一致。

(6) 第六步，撰写相关报告和文件。

当内部客户满意度评价之后，须对企业内部实际情况进行相关报告的撰写，既可以做工作总结，也可以作为下一阶段工作提升的依据。

2. 周边协同评价

周边绩效，也称“关系绩效”，由 Borman 和 Motodilo 于 1993 年首次提出，他们将绩效划分为任务绩效和周边绩效。任务绩效指的是与具体岗位的工作内容密切相关的，同时也和员工的能力、完成任务的熟练程度和工作知识密切相关的绩效，指标易量化。周边绩效指的是与周边行为有关的绩效，能够促进组织内的沟通协调和人际关系，营造良好的组织氛围，有助于员工和组织绩效的提升。

单纯的任务绩效易导致员工“各扫门前雪”的利己主义倾向，不利于团队凝聚力、组织协同及整体效益的发挥。利用360度评价工具开展周边绩效能够促使员工作出利他行为，部门间、员工之间保持良好的工作协同关系，促进KPI指标的完成，进而促进组织绩效提升。

周边绩效的实施程序主要包括确定周边协同关系、设计周边协同模型、设计周边协同考核表、组织实施周边协同、周边协同结果应用及反馈五个环节。

(1) 第一步，确定周边协同关系。

根据企业的组织架构及内部协作要求，通常周边协同关系包括：各职能部门之间的协同关系；职能部门与经营单元之间的协同。例如，华为绩效管理在KPI的基础上借助周边协同评价手段，“作战一线评价支撑服务机构”，利用促进协作的“二次分配”手段，减少因业绩归属争议所造成的无谓组织隔阂与管理消耗，使机关职能更好地支撑服务一线，让共同创造价值的相关组织通过“利出一孔”来实现更好的“力出一孔”。

(2) 第二步，设计周边协同模型。

2000年，Coleman和Borman应用因素分析等方法对以往研究中提出的27种周边绩效行为整合，提出一个三维模型，即人际关系的公民绩效、组织公民绩效、工作责任感，也即从利于他人、利于组织、利于工作的角度定义周边协同行为。模型及行为内涵，如图4-6所示。

在考核中，为了便于理解和操作，更加明确地提出组织对员工协同性行为的期望，引导员工关注协同过程，同时追求服务质量和结果，可将周边绩效评价指标简化为五个方面。

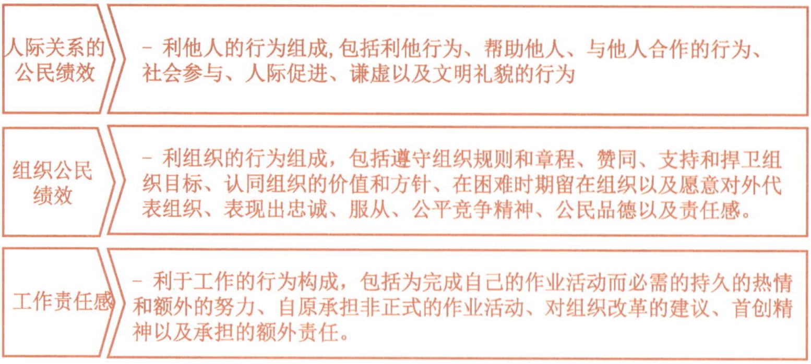

人际关系的公民绩效	- 利他人的行为组成,包括利他行为、帮助他人、与他人合作的行为、社会参与、人际促进、谦虚以及文明礼貌的行为
组织公民绩效	- 利组织的行为组成，包括遵守组织规则和章程、赞同、支持和捍卫组织目标、认同组织的价值和方针、在困难时期留在组织以及愿意对外代表组织、表现出忠诚、服从、公平竞争精神、公民品德以及责任感。
工作责任感	- 利于工作的行为构成，包括为完成自己的作业活动而必需的持久的热情和额外的努力、自原承担非正式的作业活动、对组织改革的建议、首创精神以及承担的额外责任。

图 4-6　Coleman 和 Borman 整合周边绩效行为提出的三维模型

① 服务的主动性。

② 响应的及时性。

③ 解决问题的时间。

④ 信息反馈及时性。

⑤ 服务结果与质量。

(3) 第三步,设计周边协同考核表。

设计周边协同考核表包括部门考核表及个人考核表。首先,需要对周边协同模型进行分级并界定关键行为;其次,要对各指标赋予权重。

周边协同行为分级及赋分,如表 4-5 所示。

表 4-5　周边协同行为分级及赋分

考核指标	权重	超出期望(4～5 分)	达到期望(3 分)	接近期望(2 分)	远低于期望(1 分)
服务主动性	XX%	经常主动与其他部门沟通是否有工作协作需要	有时主动与其他部门沟通是否有工作协作需要	几乎不去与其他部门沟通是否有工作协作需要	从来不与其他部门沟通是否有工作协作需要
响应及时性	XX%	其他部门/人员提出合理工作协助要求时,每次迅速作出响应	其他部门/人员提出合理工作协助要求时,多数作出及时响应	其他部门/人员提出合理工作协助要求时,少数及时响应	其他部门/人员提出合理工作协助要求时,从不及时响应

（续表）

考核指标	权重	超出期望（4～5分）	达到期望（3分）	接近期望（2分）	远低于期望（1分）
解决问题时间	XX%	对其他部门提出的合理工作协助能迅速落实，解决问题远低于预期时间	对其他部门提出的合理工作协助能尽快落实，解决问题在预期时间内	对其他部门提出的合理工作协助能尽快落实，解决问题超出预期时间	对于其他部门提出需协助解决的问题根本不处理
信息反馈及时性	XX%	协助工作进行过程中及完成后，每次都及时将情况反馈到要求协助的部门/人员	协助工作进行过程中及完成后，多数能及时将情况反馈到要求协助部门/人员	协助工作进行过程中及完成后，偶尔能及时将情况反馈到要求协助部门/人员	协助工作进行过程中及完成后，从来没有及时将情况反馈到要求协助部门/人员
服务结果与质量	XX%	其他部门对协助工作结果和服务质量非常满意	其他部门对协助工作结果和服务质量比较满意	其他部门对协助工作结果和服务质量不太满意	其他部门对协助工作结果和服务质量很不满意

部门周边绩效考核表示例，如表4-6所示。

表4-6 部门周边绩效考核表示例

考核部门：		被考核部门：					考核时间：
考核指标		权重	评分（√）				评价说明（列举事实或实例）
			5	4	3	2	1	
服务的主动性		XX%						
响应时间		XX%						
解决问题的时间		XX%						
信息反馈及时性		XX%						
服务结果与质量		XX%						
周边绩效反馈与综合评估	本考核期内该部门表现较好的方面（举实例说明）							
	本考核期内该部门还应重点加强的方面（举实例说明）							

(4) 第四步,周边绩效考核的组织实施。

周边绩效考核周期可与其他绩效考核周期保持一致,共同进行。实施时应由对部门间协同参与较多的部门负责人、团队主管等进行评分。此外,考核应采取信息化手段以提高效率。

(5) 第五步,周边绩效考核的结果应用及反馈。

周边绩效考核结果应用包括两个方面:一方面作评估性应用,即将考核结果与其他绩效考核结果结合用于奖金发放、薪酬调整、职位晋升等;另一方面作发展性应用,即通过总结考核中发现的问题,编制周边绩效考核分析报告,通过构建员工素质模型、制定员工行为标准、知识与技能培训等方式改变员工行为,促进协同。

3. 内部客户认可

无论是满意度调研还是周边协同评价,多少有考核的影子在里面,为了加强认可,管理者也可以采取内部客户认可的方式,这种方式是认可的逻辑而非评价的逻辑,是正向激励的逻辑而非双向激励。具体而言,可以通过两个案例了解一下。

(1) 北京城建置业内部客户认可实践

北京城建置业作为物业服务公司,之前一直推行内部客户满意度和绩效评价,效果并不是很理想,随后开始尝试"小红花"和"提名奖"的认可方式。

小红花是主要针对内部员工的日常行为表现所颁发的荣誉奖励,当员工在发展组织、发展事业、发展客户等方面的行为举止得到了管理者的认可时,将会被授予一枚小红花。

具体而言,公司高层和各部门正职每人每年度有 5 朵小红花,可以将其赠送给员工。

其中规定,5 朵小红花中 3 朵必须送给一线部门员工,2 朵必须送给二线部门员工,每位员工可以赠送 1 朵或者多朵小红花,但是需要具体说明赠送理由。同时还规定，小红花不能赠送给分管部门或者本部门员工。

在每年年底，根据小红花获得数进行排名，第一名获得年度金质勋章，第二名获得银质勋章，第三名获得铜质勋章，另外每朵红花都配套一定的积分，既可以在年底绩效考评时折算为考核分数，也可以在内部服务体系中采购相应的产品和服务。

提名奖，是北京城建置业为了满足项目拓展的需求，不断发掘优秀的青年人才，专门设计的内部认可机制。每年度每位高管和管理者，可以向人力资源部提名 5 名优秀员工进入潜在后备干部池，由人力资源根据提名情况，挑选 5 名得票最高的优秀青年员工进入新一轮的后备干部培养计划，并配套相应的导师制、轮岗、行动学习、课程学习等方式。

小红花和提名奖，为城建置业的员工评价体系增加了趣味性，同时也激发了员工的参与热情，逐渐在集团内部推广开来。

(2) 北京诚和敬内部客户认可实践

同样是服务型企业，北京诚和敬是国资公司下面唯一一家养老投资和运营服务公司，同样也施行了员工内部认可机制，具体如下。

① 在公司内部开展“文化之星”评选活动，“文化之星”分为“诚和敬之星”“诚之星”“和之星”“敬之星”。

② 同时针对“诚”“和”“敬”进行了相应的文化解读。诚：诚实，真诚，诚信，品格善良，以诚待人，言出必行；和：和气，和善，和谐，不计得失，简单快乐，正能量；敬：敬老、敬爱、敬畏，尊老爱幼，懂得舍得，敬天爱人。

③ 每年度总部设立“诚和敬之星”一枚，项目公司各自一枚；每季度“诚”“和”“敬”之星，除公司领导班子外，每位员工各有两枚(共六枚)，公司领导具有一票否决权。

④“诚和敬之星”可由个人申请，经全员赠星后，按照排名确定人员，提交材料经领导审议后颁发。

⑤公司领导将“诚”“和”“敬”之星分别颁发给中层干部（含项目部领导班子）和员工各三枚；中层干部（含项目部领导班子）将六枚分别颁发给中层干部和员工各三枚；此三类文化之星不得颁给分管部门及本部门员工，且不得由个人自行申请。

⑥公司文化管理部门在每年年末，将得分最高的“诚”“和”“敬”的中层之星和员工之星，以及本年度本部及项目部“诚和敬之星”，一并安排颁奖会议，发放奖杯/奖状，张贴宣传栏，并给予一定物质奖励。

通过以上案例不难看出，其实管理者在日常过程中有多种方式可以向员工表达认可，给予激励。作为一家咨询公司，在为近百家企业提供咨询服务后，笔者一直对企业管理者有一个建议，那就是一定要真正地“爱”你的员工，因为管理的本质，其实就是教育。

（二）客户评价前移：贴标签与点赞

在客户认可的方式之外，还可以采取客户评价前移的方式来开展认可激励的相关举措，具体而言，包括贴标签、点赞、打赏等多种模式。

1. 贴标签

贴标签，是指通过“判定性”词语针对某人或某物进行评价的一种方式。给自己或被他人贴标签能激励自我、强化行为，产生类似心理暗示和社会期望的功能，引导人们朝自己或他人预期或相反的方向努力。当一个人被一种词语名称贴上标签时，他就会作出自我印象管理，使自己的行为与所贴的标签内容相一致。这种现象是由于贴上标签后引起的，故称为“标签效应”。

美国心理学家贝科尔认为：“人们一旦被贴上某种标签，就会成为标签所标定的人。”第二次世界大战期间，美国心理学家在招募的一批行为不良、纪律散漫、不听指挥的新士兵中做了如下实验：让他们每人每月向家人写一封说自己在前线如何遵守纪律、听从指挥、奋勇杀敌、立功受奖等内容的信。结果，半年后这些士兵发生了很大的变化，他们真的像信上所说的那样去努力了。

滴滴乘客评价系统“贴标签”，提升出行体验。作为国内最大的网络约租车平台，滴滴出行已经是移动互联时代的新巨头，而基于撮合交易的商业模式，也促使滴滴不断思考，如何有效地实现供需双方的高效对接，因此，乘客的需求满足程度及其满意度被滴滴放在了首位。在具体的“贴标签”措施中，首先，设计乘客个性化评分维度，乘客乘坐滴滴出行的车辆后可以通过一系列的评分方式对乘车的感受、司机的服务、车内环境等进行打分，从而更好地评定出司机的服务水平、专业素养和乘车体验，在有效评价司机的前提下，保证乘客的出行体验。一直以来，由于部分出租车司机服务意识差、态度不好，而给整个司机群体带来了一个不好的印象。滴滴出租车在解决乘客出行需求的同时，一直努力通过技术手段来规范和提升司机群体服务水平，乘客评分体系最终会与司机的抢单和奖励机制挂钩，服务好的司机将会得到更多权利和福利，而长期服务差的司机平台将会对其作出诸如降级或者清退处理，从而整体提升滴滴出租车的服务水平，更好地满足乘客出行体验。此外，滴滴通过大数据分析并结合司机特点及乘客评价习惯，为乘客建立了一个便捷而高效的评分体系。当乘客乘坐滴滴出租车后，可以在 2 秒内完成对司机服务的整体评价，既简单又快捷。在充分了解用户需求情况下增加了标签评价功能，设计的评价标签既接地气又好玩有趣。乘客只须勾选标签就可以轻松地完成对司机评价，既节省乘客时间又能给予好的司机激励，此外，星级评价还可以让乘客对车内环境、司机态度等作出全面评分（见图 4-7）。

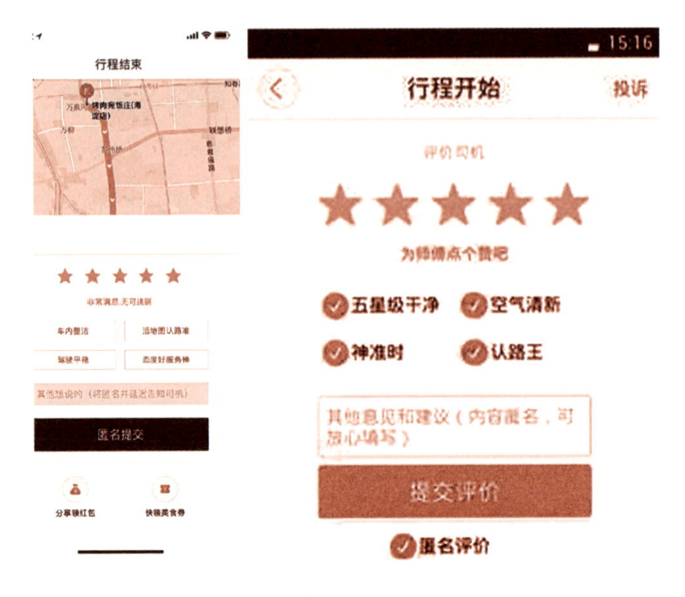

图 4-7　滴滴的客户满意度评价页面

匿名评价让乘客放心吐槽,乘客在对司机作出评价后,系统会隐去乘客的具体名称、电话号码以及评价的时间,只显示匿名评价,并延迟告知司机。该功能解决了乘客对司机服务不满意情况下的尴尬和困扰,避免事后司机对乘客进行骚扰。这样,乘客在对司机的服务不满意时可以放心大胆地给出差评,从而更加真实地体现出司机的服务水平。

2. 点赞

"点赞",是一个网络词汇,该网络语来源于网络社区的"赞"功能。送出和收获的赞的多少、赞的给予偏好等,在某种程度能反映出你是怎样的人以及处于何种状态。"点赞"走红,缘于这一功能的推出给网络社交带来方便,迎合了人们表达情感的愿望。点赞是一种心理认同,被点赞者也会建立起自我认同,感受到被肯定和被认可,2015 年元旦中国国家主席习近平在新年贺词中给人民点赞。

淘宝网目前是全球最大的 C2C 交易网站,拥有数亿注册用户,平均每秒几百万元的订单,对于淘宝店铺而言如何吸引客流量,对于消费者而言如何辨别卖家信用，点赞、好评和积分起着重要作用。

淘宝网按积分设计信用等级，积分越高信用等级越高。信用等级高的店铺享有推广、处理买卖双方纠纷的主动权等多重权益，可以说信用在很大程度上影响着卖家的收入。积分机制的设计正是体现了淘宝网将消费者作为重要利益相关者，致力于提升客户价值的经营理念。

淘宝网的信用评价系统的基本原则是：成功交易一笔买卖，双方对对方做一次信用评价。在信用评价中，评价人若给予好评，则被评价人信用积分增加 1 分；若给予差评，则信用积分减少 1 分；若给予中评或 15 天内双方均未评价，则信用积分不变（见图 4-8）。

淘宝卖家信用等级图

所积分数	等级图标	信誉等级
4分-10分		一星
11分-40分		二星
41分-90分		三星
91分-150分		四星
151分-250分		五星
251分-500分		一钻
500分-1000分		二钻
1001分-2000分		三钻
2001分-5000分		四钻
5001分-10000分		五钻
10001分-20000分		一皇冠
20001分-50000分		二皇冠
50001分-100000分		三皇冠
100001分-200000分		四皇冠
200001分-500000分		五皇冠
500001分-1000000分		一金冠
1000001分-2000000分		二金冠
2000001分-5000000分		三金冠
500001分-10000000分		四金冠
10000001分以上		五金冠

图 4-8 淘宝的卖家信用等级图

3. 打赏

打赏也是一种网络行为，最早源自美国的小费文化，是一种即时认可和激励的手段。如今，微信、映客、今日头条等中国互联网产品也都开通了“打赏”功能，用户如果喜欢作者和主播发布的内容，会根据心情给一笔金额不等的“小费”。打赏是互联网新兴的一种非强制性的认可和付费模式。如今现实中也出现打赏，比如餐厅、酒吧、景区等消费地带都出现给服务员打赏付费渠道。

目前餐饮业员工以“90后”为主，他们个性十足，不接受传统的说教方式。想激发这些员工的工作积极性，使其主动为顾客服务，“好服务、被打赏”是捷径之一。西贝莜面村自2016年起在全国门店推行打赏制度，服务员的胸前或者臂上别着一块带有二维码的徽章，写着“感谢打赏”。顾客可以打开微信扫描二维码，把小费打入该服务员的微信账号，打赏的金额为3元左右，这种方式类似于发红包，遵循自愿原则。打赏推行以来，优秀的员工一个月获得的打赏高达一万多元。对员工有较强的激励作用(见图4-9)。

图4-9　西贝莜面村的服务打赏标贴

打赏的方式可实现三方共赢：服务员可提升收入，获得尊严和尊重；顾客可体验到互动“好玩”，也可获得更好的服务；管理层可降低管理难度，合理配置人才。除了贴标签以外，滴滴出行也新增了一项额外支付“感谢费”功能，乘客可自愿支付给司机若干元不等的费用，以示感谢。不难看出，打赏也是欣赏和认可他们的有效方式之一。

(三) 双重认可：服务型员工认可新模式

在平凡的岗位上，员工的诉求其实很简单，成绩获得肯定、多赚些薪水、职位能有升迁，这些都是鼓舞他们不断前进的动力。前面讲过了西贝莜面村采取了“打赏”的方式激励员工，而在客户“打赏”认可的同时，还有一种双重认可的方式值得管理者借鉴。

还是以“打赏”为例，在外部打赏的基础上，引入内部打赏机制。管理者针对员工的行为，通过扫描胸前的二维码进行打赏，以示对员工工作态度、行为、业绩的肯定和认可，由此，员工便可以获得顾客和管理者的双重认可(见图 4-10)。

图 4-10　某公司内部打赏页面

内部打赏有利于对基层员工正确行为进行即时认同，不断强化并使得员工习惯以“改善和提升”为目标的工作态度。打赏可以鼓励员工不断提高效率，如改善清台速度、加快上菜速度等，同时也有助于实现新的业务目标，如销售储值卡、推广新菜品等。

总而言之，双重认可的意义在于，以正向的方式去激励员工，通过鼓励和肯定，强化员工的有效行为。同时，“双重打赏”可以结合内部打赏和外部打赏，通过排名和徽章的方式，鼓励员工“比、学、赶、帮、超”。

内部打赏人可以包括各级管理者，他们可以对当天或者一段时间内表现优秀的员工进行认可。利用 IT 系统，内部打赏人和员工都可以在移动终端看到打赏和评价记录。

内部打赏人在打赏的时候可以根据员工不同表现选择不同额度、标签和自由评价，各层级管理者可通过手机、电脑、大屏实时观察门店与员工的打赏状态（见图 4-11）。

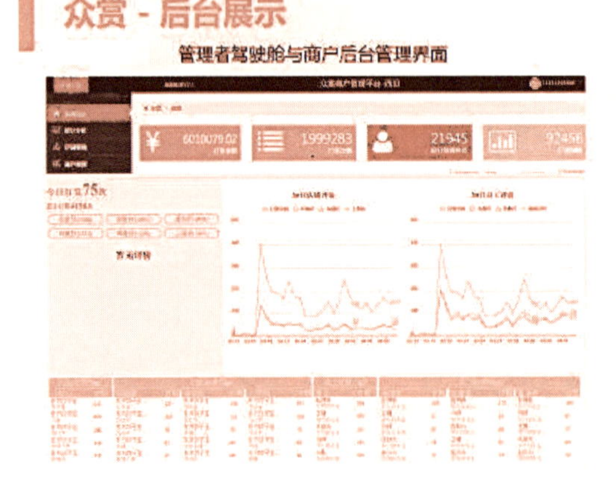

图 4-11　某公司内部打赏后台管理页面

总而言之，在当下时代，员工的需求已经不再是简单的工资、奖金、晋升，更多的是要获得一种价值体验，获得一种认可和尊重。无论是内部客户评价还是外部客户评价，认可激励都可以极大地激发员工的工作潜能。对于员工而言，认可激励带来了正能量、成就感、自我潜能的挖掘、最佳的工作感受、及时的评价与认可、企业与同事的关怀、个性化的奖品选择等；对于管理者而言，认可激励是更有效的激励方式，是先进的人才管理理念，能够给予员工及时的工作评价与反馈，在减轻管理者工作负担的同时，还可以提高员工的满意度。对于企业而言，通过构建良好的认可激励氛围和全面的激励系统，可以有效地提高人才利用效率，从而提高绩效产出。

第五章 荣誉体系，基于价值观的认可模式探索

本章导读

管理者要善于利用精神激励的力量，靠价值观的牵引和激励，让员工展现出更高效的绩效行为。同时，通过内部榜样的树立，价值观评价、内部光荣榜等方式，鼓励内部比学赶帮超的氛围。

知识重点

荣誉体系、文化激励、榜样力量、六脉神剑、价值观评价、内部光荣榜、超人俱乐部

一、 荣誉体系背后的理论假设

（一）精神激励比物质激励更持久

随着互联网+、信息时代、数字经济的崛起，外部技术环境和社会思潮发生了不小的变化。当然，企业发展的核心要素也发生了变化，人才逐渐成为价值创造的主体和源泉。组织和个人之间的核心关系，其实就是价值创造、价值评定、价值分配，在当下的企业运行过程中，这构建了国内人力资源管理体系的基石。从某种意义上讲，激发员工的积极性和

主动性、提高员工的工作效率，能够促进生产效率的提升，所以激励理论成为组织管理理论的核心。

站在经济学角度，激励理论的出发点是“经济人”假设，由此，在经济学视角下的组织管理制度，目的是设计维护委托人利益的企业制度，避免代理人“逆向选择”和“道德风险”的行为，使代理人与委托人的效用函数一致，在这种理念指导下的企业制度，激励多侧重于物质和外在激励。新古典经济学视企业为“黑箱”，从企业外部探讨在既定约束条件下，企业如何有效整合稀缺资源，实现预期收益最大化，缺乏对企业内部如何激发员工积极性以实现企业目标的研究。

作为管理者不难发现，员工最重视的是工作中的激励因素，物质利益是相对次要的因素。工作富有成就感、工作本身带有挑战性、工作的成绩能够得到社会的认可，以及职务上的责任感和职业得到发展和成长等因素的满足，能够极大地调动员工的积极性。

除了前文（见 39 页）提及的二十一种非经济激励因素，针对知识型员工的典型特征，中国人民大学包政教授也提出了精神激励的指导措施（见表 5-1）。

表 5-1 知识型员工管理的十个要点

坚持“以人为本”	珍视每一个组织成员正直的品格、创造性的天赋、自我价值实现的内在冲动，以及个性上的自由意志
悉心“呵护成员”	依靠精神的力量，以更大的思维规模、更强的心智模式，以及更强的人格魅力，去笼络情感、驾驭心灵，通过“同构精神境界”，引发“思想共振”
放弃使用权利	认可知识性员工天然的平等思想和民主意识，去权力中心、去等级化
扮演管理角色	“领导就是奉献者”，承担着“管理协调责任”，包括沟通、协调、指导、约束、帮助与激励等职责
承担共同责任	管理职务不是“组织的权利”和“组织的地位”，明确各管理等级职务为“责任”，而非“权利”

（续表）

走向“强强联合”	建设“独立自治的精英团队”，使组织不断趋于“扁平化”，保持组织的活力与效率
落实成长责任	不断提高知识性员工“发展自我”责任的意愿和能力，把他们承担“自我成长”责任的热情，引导到团队的目标任务上去。
提升成员价值	管理只是一种角色，而非一个专家，有些人擅长“推动人”，有些人擅长于“推动事”，专家在于“会做事”，管理者在于“会做人”
学会意见公开	基业长青在于公道，必须实事求是、就事论事，不要无端猜测、搬弄是非；力求前提公正、过程公开、结果公平
提高个人理性	组织建设的理性化过程，必然使成员的受控程度提高。在提高组织理性的同时，同步发展成员的个体理性，两者相辅相成

（二）文化影响也是激励的重要手段

“研究一下美国经济的发展史就会发现，是文化的差别塑造了现在的经济格局，而不是经济差别影响了现在的文化格局，世界不同地区经济的发达程度与当地的宗教信仰高度相关。”

马克斯·韦伯的《新教伦理与资本主义精神》中认为基督教的新教教派改变了传统教派修行的方式，从原来的“出世修行”改变为“入世修行”，把劳动当成了修行方式，并且树立了把世俗职业视作天赋职业的“天职”观念，正是这种入世修行方式和天职观念的兴起，让信仰基督教新教的国家的人民普遍兴起一种空前的劳动热情，而正是这种劳动热情推动了新教国家经济的腾飞。

吉姆·柯林斯在《长青之道》中提到“欲打造500强企业，先移植500强企业的文化基因”“欲打造基业长青企业，先移植基业长青企业的文化基因”。

哈佛大学教授约翰·科特通过研究发现，与民族文化对经济社会发展有重要影响类似，一个企业的文化信仰对其业绩和寿命同样有着极为重要的影响（见表5-2）。

表 5-2 文化信仰对企业业绩的影响

	重视企业文化的公司	不重视企业文化的公司
总收入平均增长率	682%	166%
员工增长	282%	36%
公司股票价格	901%	74%
公司净收入	756%	1%

马克斯·韦伯关于文化与经济的逻辑关系论证是清晰明了的，也是让人信服的，现实社会中我们会找到大量的可以证明这种关系的事实现象。比如同样是佛教，传统的佛教也讲出世修行，但这种观念于经济发展并没有特别明显的推动作用。在日本，以稻盛和夫为代表，提出了“在劳动中修行”的新的佛教观念，他一手创办了两个世界五百强企业——京瓷和 KDDI，并且拯救日本航空于大厦将倾时。稻盛先生和他的盛和塾，正在以一种新的佛教观念，成为日本经济复苏的最大的精神动力之源。在我国台湾地区，以星云法师为代表，提出了人间佛教的观念，提倡人们入世修行，鸿海集团的郭台铭、凤凰卫视的刘长乐等一大批著名企业家都是星云法师人间佛教的信奉者，人间佛教已经成为推动台湾地区和大陆经济复兴的重要动力来源。

那么，文化究竟是什么？文化作为一种思维习惯和行为习惯，在劳动分工、市场协同、组织协同过程中，都会产生积极或消极的影响。凡是有利于促进劳动分工、促进市场协同和组织协同的习惯，都会促进组织绩效的提升。相反，凡是阻碍劳动分工、市场协同和组织协同的习惯，都会阻碍组织绩效的提升。文化是通过作用于分工与协同，进而作用于经济发展和组织绩效的。

华夏基石认为，企业文化是企业特殊的做事方式以及这些做事方式背后的价值信仰。价值信仰的核心是企业家和管理团队关于企业如何持续发展的系统思考。企业文化是在企业工作过程中形成的一种共同的行为方式和价值观，是企业做事的方式。企业内部的各种决策的制定、决策的执行、企业的内部关系、企业的对外形象以及企业所提供的产品和服务特色及竞争力，都受企业文化的影响，文化是最综合的影响企业的长期竞争力和绩效的因素。

企业文化是一种信念，是激情的力量，让人有激情、有使命追求，能够激发员工的潜能与创造力。文化的愿景，能够有效解答员工为什么工作的问题，让工作成为工作本身最大的乐趣和回报。企业的使命追求，让员工更有激情，激发员工的潜能和创造力，使得员工做事奋不顾身，有奉献精神。文化是工作激情永不衰竭的动力源，抵御职业倦怠，企业价值观的信念，促使员工对目标的执着与坚持。不抛弃、不放弃，卓越的组织一定是由共同信仰者组成。信念使人与组织面临困难与危机时能坚持不懈地走下去。

企业文化是一种立场，是理性的力量，是是非判断的标准与价值立场，让员工有理性、有原则、有底线、能坚持；让每一位员工知道公司提倡什么、反对什么。文化是处理内外矛盾关系的终极判断标准与准则。让员工对制度与规则有敬畏感；使员工做事执着并不犯糊涂；使员工对事物与是非的判断有基准。

企业文化是一种假设，是牵引的力量，给员工对未来正确的工作和价值的假设，使员工有正确方向。文化是对未来所作出的正确的假设，是隐含在价值观背后的基本假设系统，企业不知道未来一定怎么样，但需要对未来作出基本假设，从而使企业走上正确发展轨迹。

企业文化是一种共识，是凝聚的力量，统一员工思想，建立共同语言，降低交易成本，形成企业凝聚力。文化是组织员工经过深入研讨所达成的共识，这种共识使员工目标追求一致，从而形成企业的凝聚力。文化是组织共同的语言传递系统，减少内部交易成本。共识产生组织的信心，共识产生协同的力量。共识使人与人关系变得单纯，使管理变得简单。文化使上下建立共同的语言传递系统，横向打破部门壁垒，信息有效沟通，加强协同，贯彻全员客户理念，构建内部客户关系。文化的开放、包容与融合，将多文化背景的人才打造成一个命运共同体。

企业文化是一种习惯，是习惯的力量，是组织独特的思维与行为方式，是继承与创新的需要。企业文化是企业在成长发展过程中的长期积淀而形成的独特的核心价值观及组织与个体思维与行为方式。习惯的形成靠基于价值观的机制与制度设计，执行力不是一种管理技术而是一种文化习惯。企业文化既要继承，又要创新，企业文化的建设过程既是优秀文化的继承过程，也是糟粕文化的荡涤过程，是一个持续的变革与创新过程。文化的创新促使企业自我批判与持续超越。

企业文化是一种契约，是自主的力量，上升为心理契约，实现员工的自主管理和自我约束。文化是一种心理契约，产生内在的心理约束与组织承诺。文化产生道德力量与信任承诺的力量，提升员工的自我管理能力，使人变得简单并具有自我约束力。文化使员工对自然法则有敬畏感。文化使员工为人有良知，做事懂廉耻，产生软约束或内在约束。

如何利用文化的手段来提升管理效果，也在很多企业中得到了应用，比如阿里巴巴的“六脉神剑”、京东的“价值观加分计划”等，都是非常好的企业实践，后文笔者会详细为各位读者介绍。

（三）榜样的力量是无穷的

如果说价值观是文化的灵魂，那么英雄人物就是价值观的人格化，是企业价值观的最生动、最真实、最具影响力的体现，也就是企业中涌现出来的文化最佳代言人。

所谓英雄人物，就是企业里常说的榜样和标兵。榜样和标兵的作用关键在于突破和示范。“榜样的力量是无穷的。”企业的文化理念在落地的过程中，若想让员工更好地理解，在行为上获得关键性的突破，并逐渐形成使大家广泛模仿的经验，这个功能非文化英雄莫属。

无论是铁人王进喜、雷锋还是李素丽，这些树立起来的标杆和典范，既可以作为外部的形象认知，同时也可以帮助明确工作标准和角色标准，并通过平凡的事迹激励员工在平凡的岗位上创造不平凡的贡献。

根据英雄人物产生的方式可以将英雄人物划分为两类：一类是天生的企业英雄，也称为远见卓识的英雄；一类是人为造就的企业英雄，也称为情景式英雄。这两类英雄企业都是需要的，远见卓识的英雄为企业的发展指明了前进的方向，影响是广泛的和理念层面的。人造的英雄则以他们在日常工作中的成功故事鼓舞着其他员工，起到示范作用。天生的英雄数量是有限的，企业大部分英雄是后天的和人为造就的。

企业天生的英雄如：福特公司的亨利·福特、松下公司的松下幸之助、苹果公司的乔布斯、华为的任正非、海尔的张瑞敏、联想的柳传志。这类英雄的重要贡献不在于创办一家卓越的企业，而在于将企业家自身的价值观融于企业，对所在企业及社会产生了影响。

情景式英雄是企业在特定时期发现和树立经营管理实践中最好的典型角色。人造英雄是作为日常工作成功的样板来鼓舞员工的，为他们提供针对性和具体性的指引。天生英雄可遇不可求，如何打造情景式英雄则是管理者需要系统思考的管理命题。

荣誉体系的建立、荣誉激励的开展，是打造情景式英雄的重要方式。荣誉激励是一种管理手段，主要是把员工的工作成绩、公司贡献、模范事迹等以一定的形式或名义标定下来，进行表扬、奖励、经验介绍等。荣誉可以成为不断鞭策荣誉获得者保持和发扬成绩的力量，还可以对其他人产生感召力，激发比、学、赶、超的动力，从而产生较好的激励效果。

荣誉激励属于正向激励，而非负向激励，是精神与物质兼备的奖励，而非仅仅只是物质奖励。荣誉激励注重对全员的影响作用，强调全员、公开、宣扬，而非针对个人的私下奖励行为。

企业内部建立荣誉体系，可以以企业战略和年度工作重点为导向，针对性地设置奖项，并进行综合考核，同时也是企业文化价值观落地的重要载体。通过荣誉授予产生内部榜样，通过组织获奖人员的经验交流会和宣讲会可以弘扬正气、树立榜样，产生正向的感召作用。同时，也可以通过团队荣誉奖项的设置，激励员工为部门、为公司荣誉共同奋斗，增强各级员工的组织荣誉感和凝聚力。

二、 荣誉体系的前身：价值观评价与内部光荣榜

（一）阿里巴巴“六脉神剑”价值观评价

价值观评价，指的是针对企业价值观中需要员工展现出的行为进行锚定并评价的一种评价方式，目前国内最知名的价值观考核为阿里巴巴的“六脉神剑”考核。

阿里巴巴将自己的核心价值观定义为“客户第一、团队合作、拥抱变化、诚信、激情、敬业”；在价值考核中，不单单明确了倡导的行为，同时明确了底线和原则（见表 5-3）。

表 5-3　阿里巴巴倡导的企业行为和价值观底线

价值观	倡导的行为	价值观底线
客户第一	客户是衣食父母	· 为谋一己之私，欺骗客户； · 不尊重客户，利用职权威胁客户； · 为了自身或团队业绩目标或利益，损害客户利益； · 在工作要求和职责范围之内，对客户的需求消极不作为，造成客户实质性的损失
拥抱变化	迎接变化，勇于创新	· 不设底线
团队合作	共享共担，平凡人做非凡事	· 在团队内部，拉帮结伙、诋毁同事、搬弄是非； · 阳奉阴违，决策前不参与，决策后不执行

（续表）

价值观	倡导的行为	价值观底线
激情	乐观向上，永不放弃	· 经常性地毫无理由地在团队里泼冷水，只是打击讽刺，没有具体的观点和建议，无中生有地传播团队的负面信息
诚信	诚实正直，言行坦荡	· 弄虚作假； · 故意隐瞒或者歪曲事实
敬业	专业执着，精益求精	· 不作为，混日子，消极怠工

阿里巴巴不单单明确了价值观的倡导行为和底线原则，同时针对六大维度，各自设立了五级标准（见表5-4）。

表5-4　阿里巴巴设立的价值观考核五级标准

考核项目		考核标准				
价值观考核（总分30分）	客户第一	尊重他人，随时随地维护阿里巴巴形象	微笑面对投诉和受到的委屈，积极主动地在工作中为客户解决问题	与客户交流过程中，即使不是自己的责任，也不推诿	站在客户的立场思考问题，在坚持原则的基础上，最终达到客户和公司都满意	具有超前服务意识，防患于未然
	分值5	1	2	3	4	5
	团队合作	积极融入团队，乐于接受同事的帮助，配合团队完成工作	决策前发表建设性意见，充分参与团队讨论；决策后无论个人是否有异议，必须从言行上完全予以支持	积极主动分享业务知识和经验；主动给予同事必要的帮助；善于利用团队的力量解决问题和困难	善于和不同类型的同事合作，不将个人喜好带入工作，充分体现“对事不对人”的原则	有主人翁意识，积极正面地影响团队，改善团队士气和氛围
	分值5	1	2	3	4	5

（续表）

考核项目		考核标准				
价值观考核（总分30分）	拥抱变化	适应公司的日常变化，不抱怨	面对变化，理性对待，充分沟通，诚意配合	对变化产生的困难和挫折，能自我调整，并正面影响和带动同事	在工作中有前瞻意识，建立新方法、新思路	创造变化，并带来绩效突破性地提高
	分值5	1	2	3	4	5
	诚信	诚实正直，言行一致，不受利益和压力的影响	通过正确的渠道和流程，准确表达自己的观点；表达批评意见的同时能提出相应建议，直言有讳	不传播未经证实的消息，不背后不负责任地议论事和人，并能正面引导	勇于承认错误，敢于承担责任；客观反映问题，对损害公司利益的不诚信行为严厉	能持续一贯地执行以上标准
	分值5	1	2	3	4	5
	激情	喜欢自己的工作，认同阿里巴巴企业文化	热爱阿里巴巴，顾全大局，不计较个人得失	以积极乐观的心态面对日常工作，不断自我激励，努力提升业绩	碰到困难和挫折的时候永不放弃，不断寻求突破，并获得成功	不断设定更高的目标，今天的最好表现是明天的最低要求
	分值5	1	2	3	4	5
	敬业	上班时间只做与工作有关的事情；没有因工作失职而造成的重复错误	今天的事不推到明天，遵循必要的工作流程	持续学习，自我完善，做事情充分体现以结果为导向	能根据轻重缓急来正确安排工作优先级，做正确的事	遵循但不拘泥于工作流程，化繁为简，用较小的投入获得较大的工作成果
	分值5	1	2	3	4	5

在具体实施考核中，阿里巴巴按照以下方式来具体实施。

（1）员工自评或主管/经理考评必须以事实为依据，说明具体的实例。

(2) 如果不能达到1分的标准,允许以0分表示。

(3) 只有达到较低分数的标准之后,才能得到更高的分数,必须对价值观表达从低到高逐项判断。

(4) 小数点后可以出现0.5分。

(5) 如果被评估员工某项分数为0分、0.5分或者达到4分(含)以上,经理必须注明事由。

(6) 出现重大后果或产生恶劣影响或违反底线已经得到"一致性"或"一贯性"的验证,价值观评价为C。

同时,阿里巴巴还明确了价值观考核周期及程序。

(1) 每季度考评一次,其中价值观考核部分占员工综合考评分的50%。

(2) 员工先按照30条价值考核细则进行自评,再由部门主管/经理进行评价。

(3) 部门主管/经理将员工自评分与被评分进行对照,与员工进行绩效面谈,肯定好的工作表现,指出不足,指明改进方向。

阿里巴巴同时明确了评分结果等级,说明如下。

(1) 优秀27—30分。

(2) 良好23—26分。

(3) 合格19—22分。

(4) 不合格0—18分。

在确定评估结果等级之后,将价值观评分结果的运用。

(1) 价值观得分在合格及以上等级者,不影响综合评分数,但要指出价值观改进方向。

(2) 价值观得分为不合格者,无资格参与绩效评定,奖金全额扣除。

(3) 任意一项价值观得分在1分以下,无资格参与绩效评定,奖金全额扣除。

在具体操作过程中，阿里巴巴还加入了互评的方式。通过随时随地收集多维度反馈，让组织对个人价值观的评价有更多的参考。同时，在“阿里内外”上的评价，可以看到工作伙伴的心声，不断“照镜子”，帮助员工更好地认知自己（见图5-1）。收到“赞”或“OK”，就继续努力；收到“皱眉”，有则改之，无则加勉。阿里巴巴也同样认可榜样的力量，觉得好就要大声说出来，只要员工觉得TA特别有阿里味，就立马写评价，让员工心中的“太阳”升起来，TA就是员工赶超和学习的方向。

图5-1　阿里巴巴内外评价系统页面

在价值观评价的同时，阿里巴巴也没有停用业绩评价，而是采取了双轨制绩效评估。双轨之下，被放大到理论上18个区分(见图5-2)。可以筛选出：结果好，过程好的；结果好，过程不好的；结果和过程都不好的等。并在此基础上，进行发展和回报的区分。容纳更多可能性，给不同人机会。

业绩 \ 价值观	A	B	C
5	5A	5B	5C
4	4A	4B	4C
3.75	3.75A	3.75B	3.75C
3.5	3.5A	3.5B	3.5C
3.25	3.25A	3.25B	3.25C
3	3A	3B	3C

图5-2　阿里巴巴的业绩双轨制绩效评估表

相对更细的区分，在推动发展上也会更准确公平。例如：3. 25A、3. 25B需要判断是小白兔①还是放错位置；3A、3B、3. 25C，根据能力和价值观不符合程度，决定辅导或辞退；3C，待辞退；5C、4C和3A，不符合“价值观有助于创造好的结果”的理念，当出现这类分数时，人力资源管理部门要跟进观察目标设定和评估的问题。

总之，在阿里巴巴的评价体系中，涉及整体回报的现金类激励，价值观是门槛；涉及股权、晋升等关乎未来的激励，价值观是重要依据。

(二) 京东“价值观积分计划”

同样作为电商类平台，京东创始人刘强东也十分看重价值观的因素，并将企业文化核心理念概括为五条：客户为先、学习创新、激情工作、团队合作、诚实守信。按照刘强东的话讲，这五条核心价值观的每一条

① 公司里那种左右逢源、人人都说好却没有任何业绩的人，称之为“小白兔。

都关系到京东商城的整体效率和企业竞争力，为说明企业文化对于企业绩效的重要性，刘强东还专门发明了一个管理模型——“刘三角”作为支撑（见图 5-3）。

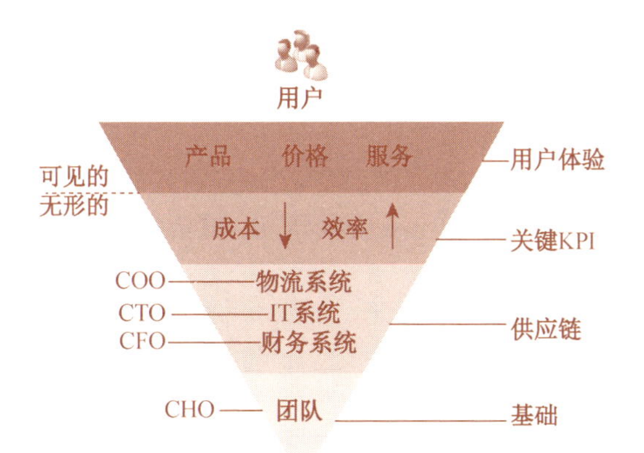

图 5-3　“刘三角”管理模型

为了更好地落实价值观，京东还开发了价值观积分卡项目。价值观行为积分卡是京东各级管理者以 STAR 原则和京东价值观为工具，对符合价值观的优秀行为给予认可和激励的文化落地项目。意义在于形成京东文化在员工行为层面的风向标，促进雇主品牌；加强管理层和员工对京东文化的参与度，并提供在文化层面的管理工具。

价值观积分卡的发放有以下三条规则。

（1）由 M 序列和 P/T 序列带 M 级别的管理人员以季度为周期发卡，每季度可发 3 张卡，必须在当季全部发完，未发完默认为作废。

（2）卡片在同一季度内不能重复发给同一员工（不同行为和事迹除外）；可发给本部门和协作部门的同级或下属，严禁发给上级。

（3）特别突出的行为和事迹可向上级推荐，一个事例可被不同级别管理者授卡。

各级管理者单张积分卡对应分值，如表 5-5 所示。

表 5-5 京东各级管理者单张积分卡对应分值

职级				M1	M2/M3	M4	M5	M6
分值(分)	10	30	50	100	300			

日常操作过程中，价值观积分计划每季度统计/评比一次，管理者登录 http://ssc. jd. com，点击“管理者面板—价值观卡”菜单点击【发卡】按钮，打开发卡界面给下属或其他团队成员发卡，输入收卡人 erp/姓名/邮箱确认，选择要推荐给的上级或领导，点击【提交】按钮(见图 5-4)。

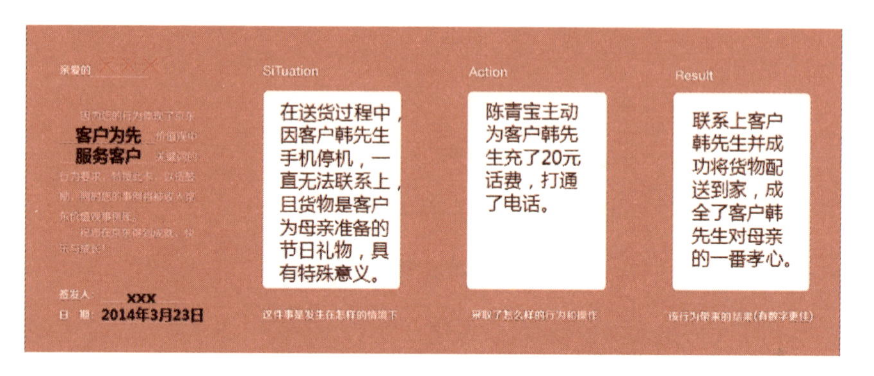

图 5-4 京东管理者发卡页面

要注意的是，在提交的过程中要进行 STAR 事迹说明。

STAR 事迹填写案例

情境：2017 年 9 月开始越秀区政府严打五类车，越秀站是这次整治活动中受害较严重的站点，许多配送员因此离职，站点运营受到极大影响。

行为：越秀站×××今年被抓了 5 台三轮车，他没有像其他老员工那样选择离职，而是改用手拉车进行配送，每天需步行至少 15 千米以上，每天配送日均单量不低于 80 单。

结果：正是因为×××这种不放弃的精神，感染了站点其他配送员，招募进来的许多新同事也一一效仿，保证了站点人员的稳定。

与阿里巴巴的双轨制考核不同，京东的价值观积分卡采取了另外的奖励措施。价值观积分卡可用于购买京东自营商品，且 1∶1 兑换现金。员工可以登录京东内网福利平台(见图 5-5)。

图 5-5　京东价值观积分卡员工内购平台

通过【福利商品】选项的选择，可以根据个人的积分情况，将积分兑换成东券，例如：80 积分兑换 80 元东券，满 100 可抵扣。

兑换成功之后，就可以在员工【福利平台】—【个人中心】查看，并在京东 App 上，登录【我的京东】—【我的优惠券】，就可以开心购物了（见图 5-6）。

图 5-6　京东价值观积分卡员工内购平台

此外，京东价值观积分还可以享受多种机会和福利。如一年内获得价值观卡的员工，才可以成为红六月一线楷模的候选人，有机会跟随集团一起出国旅游(见图5-7)。

图5-7　京东年度优秀员工奖励旅游

同样，价值观积分也成为京东年度评优的重要参考项，奖金为2 000～10 000元；总之，积分越高，评先评优就越有利。

每季度各大区会根据积分情况，选出10名季度文化之星，每人可获得限量版文化之星礼品一套。文化之星会被邀请参加各种庆典，还有机会去北京集团总部做代表。京东同时也借鉴了游戏化思维，在京东ME上也会有价值观加分的勋章和排行榜。

每季度统计积分，可以兑换勋章，满30分=1枚银质勋章，满90分=1枚金质勋章，满270分=1枚超级定制勋章。同时，开展"季度文化之星"评选，当季所获卡片积分排名第一且无行政扣分者，可获此荣誉，并获得一座"季度文化之星"金属JOY立体奖杯以及200元礼品卡。这些都对员工产生了极强的正向激励和牵引作用(见图5-8)。

图 5-8 京东文化之星评比

三、荣誉体系：基于价值观的认可新模式

（一）荣誉体系是华为文化落地的重要载体

无论是价值观的力量，还是榜样的力量，其实都是文化的力量。如何利用文化来管理和激发员工，已经成为管理者关注的核心命题之一。笔者认为，通过荣誉认可激励，也许能够解决一些管理中的现实困惑。

荣誉激励，是一种认可手段，主要是把员工的工作成绩、公司贡献、模范事迹等以一定的形式或名义标定下来，进行表扬、奖励、经验介绍等。荣誉可以成为不断鞭策荣誉获得者保持和发扬成绩的力量，还可以对其他人产生感召力，激发比、学、赶、超的动力，从而产生较好的激励效果。

从人的动机来看，人人都有自我肯定、争取荣誉的需要，对一些工作表现比较突出，具有代表性的先进人物，给予必要的精神奖励，是很好的精神激励方法。有时候，管理者一句真诚的赞扬，也会产生意想不到的激励效果。所以，作为管理者对员工不要太吝啬头衔、名誉、荣誉、称号等。这些都可以换来员工的认可感和归属感，从而激发员工的工作激情。

各位管理者对NBA和奥斯卡应该都不陌生，仔细研究不难发现，在NBA中，有最佳助攻手、最佳三分、最佳扣篮、篮板王、MVP、最佳新秀、全明星、最佳防守阵容等一系列荣誉称号。这都是荣誉体系的典型应用场景。

华为以客户为中心，以奋斗者为本，长期坚持艰苦奋斗，在业内几乎无人不晓，"胜则举杯相庆，败则拼死相救"的团队精神影响了一代又一代的华为人。在华为搞研发的，板凳要坐十年冷；做市场的，干部集体大辞职。这些讲出来，惊心动魄，对外人而言，甚至有些不可思议。华为这样的企业文化又是如何落地生根呢？荣誉体系是华为企业文化落地的重要载体。

华为人力资源部下设荣誉部，负责华为荣誉体系的管理，其主要职责如下。

(1) 荣誉奖项的设置：设置公司级以及中心级的奖项。

(2) 荣誉评选流程与方法的监督：监督各部门荣誉评选的流程与方法。

(3) 荣誉奖项的颁发：奖品的实物统一型号、材质，荣誉宣传，典型报道对象往往是普通的获奖员工，普通的华为英雄。

(4) 荣誉审计：针对公司级获奖人员，进行资格审核。

华为的荣誉奖项包括蓝血十杰奖、杰出贡献奖、金牌员工奖、金牌团队奖、史今班长与劳模奖等金牌奖、天道酬勤奖、零起飞奖、明日之星以及优秀家属奖等，它们主要导向员工内在的自我激励。

在华为公司内部的网站上有一个栏目，叫荣誉殿堂。在这里面，华为会把各类获奖信息、各种优秀事迹记录下来，供大家随时查阅和学习。任正非本人也非常重视荣誉奖项，很多荣誉奖的奖牌和奖杯都是任总亲自确定设计方案，并亲自颁发的。

华为公司的每一个奖项，都有其设计的目的，并且有相应的评选标准。

金牌奖，是华为授予员工的最高荣誉，旨在奖励为公司持续商业成功作出突出贡献的团队和个人（见图 5-9），是公司授予员工的最高荣誉性奖励。金牌评选的标准：个人奖是每百人中评选出一人；团队奖是每 400 人评选出一个金牌团队。2015 年，华为有 1 736 名金牌个人、495 个金牌团队（共计 5 017 人）获得表彰。

图 5-9　华为金牌奖

天道酬勤奖，设置的目的主要是激励长期在外艰苦奋斗的员工（见图 5-10）。其评选标准包括在海外累计工作十年以上，或者是在艰苦地区连续工作六年以上的员工，或者是承担全球岗位的外籍员工，全球流动累计十年以上的人员。

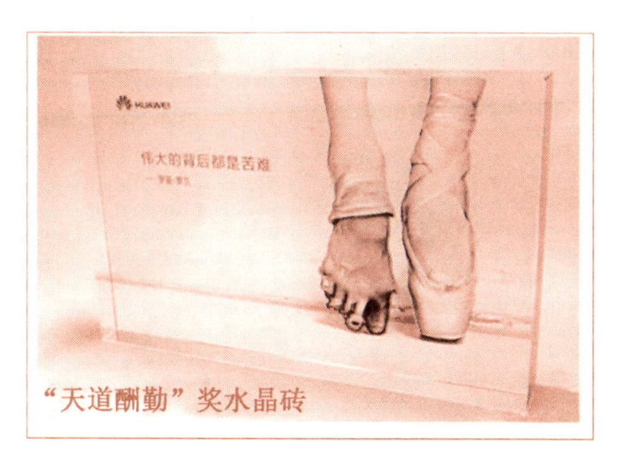

图 5-10　华为天道酬勤奖

蓝血十杰奖，是华为管理体系建设的最高荣誉奖，旨在表彰那些为华为管理体系建设作出历史性贡献的个人。忘记历史，就没有未来，华为公司通过对“蓝血十杰”荣誉的授予，让更多的人铭记历史，并在“蓝血十杰”精神的感召下，努力建立一个严格、有序而又简单的管理体系，支撑华为公司“多打粮食”。所以，蓝血十杰从本质上来讲只是一个追认机制，它是对历史性贡献的肯定，尽管有些贡献在当期并没有得到认可，但是经过时间和历史的检验之后，证明某些员工过去的工作确实为华为后来的发展作出了巨大贡献，最后通过蓝血十杰奖进行追认（见图 5-11）。

图 5-11　华为蓝血十杰奖

明日之星奖，设计的目的主要是营造人人争当英雄的一种文化氛围（见图 5-12）。有人的地方就有英雄，因此华为对明日之星的评选并不追求完美，并且主要针对那些刚入职不久的员工。只要他们身上表现出闪光点，只要他表现出符合华为价值观的一些行为，就可以参加民主评选，其覆盖率可以达到 80%以上。

图 5-12 华为明日之星奖

此外，华为还有很多非常有特点的奖项，比如优秀小国经营奖、从零起飞奖、英雄纪念章等（见图 5-13）。

图 5-13 华为的其他荣誉奖章

华为的荣誉奖项也有其独特的特点。

(1) 面多人广。华为的荣誉奖项众多,涉及从基层员工到管理人员各个层级。

(2) 物质激励与精神激励紧密结合。只要获得荣誉奖项,就会相应地得到一定的物质奖励,物质奖励不多,但是物质奖励与精神奖励是紧密绑在一起的。

(二) 四位一体的德邦“荣誉驱动体系”

德邦物流,针对认知、激励、行为、目标四位一体设计了整套的荣誉管理体系。其中,认知主要是明确荣誉标准,标识化设定个人奋进的目标,目标主要利用荣誉考核实现,规范化明确个人行动的标准,行为则是透明化识别企业认可的行为,激励则利用荣誉发放和使用的方式,清晰化认识想要成为的形象。

德邦在构建企业文化荣誉体系时,遵循了以下八项原则。

(1) 紧扣企业文化,广泛深入公司总部、经营本部、事业部、大区等各个团体部门。

(2) 既为效果颁奖,也为努力鼓掌。

(3) 强化宣传,表扬大张旗鼓,惩戒以私下进行为主。

(4) 因人设奖、因事设奖,重点“瞄准”有潜力的员工。

(5) 增加类别奖,鼓励同类获奖者形成长期活动小组,以滚雪球的方式影响更多员工,先进带后进,拉动大家共同进步。

(6) 适当加大荣誉奖励数量,让更多人获得激励。荣誉称号新颖、独特、有针对性。

(7) 建立荣誉推荐制,鼓励从下往上推荐荣誉获得者——让“欣赏”和“肯定”成为一种习惯。

(8) 日常积累,即时激励。

在以上八项原则的指导下，德邦设置了基于价值理念的荣誉奖励体系，具体如表 5-6 所示。

表 5-6　邦德荣誉奖励体系

理念	奖项名称	荣誉标准(行为/事件/贡献)	获奖人
合作共赢	最佳合作意识奖	热心助人，多次主动协助其他同事的工作；或者以团队利益为重，为了团队目标，主动承担有难度、有风险、不易彰显的工作	公司各级员工
	最佳合作贡献奖	针对有才华的员工，团队配合度符合一般标准，但个人贡献突出的个人	公司各级员工
	最佳合作智慧奖	针对有潜在管理能力的员工，具有多赢思维模式，团队配合中能智慧的协调多方利益，辅助团队领导完成组织工作的个人	公司各级员工
	最佳服务团队奖	针对管理支持类部门，为一线提供有利的帮助，业绩突出、效果明显的团队	公司各级员工
	“赢”团队	针对业务部门，业绩突出，取得最优绩效的部门	公司各级员工
负责任、有追求、变化中成长	恪尽职责奖	爱岗敬业，出色完成本职工作，受到客户或者下级部门肯定和赞扬的个人	公司各级员工
	最佳学习分享奖	鼓励并奖励热爱学习，并将自己学习心得分享给同事的员工	公司各级员工
	自我驱动者奖	超越领导的要求，完成上级交代的任务之外，交付更多有价值的工作结果(包括业绩或非业绩的有价值的工作)	公司各级员工
	最佳引领奖	审时度势，根据市场或者公司内部新变化、新需要，及时提出解决方案或合理化建议，带来实际效果的个人	公司各级员工
共赢导向，以客户为中心	最佳客户研究奖	在工作中，主动研究和总结客户特点及需求，并分享给同事，对工作起到帮助作用的员工	公司各级员工
	最具服务意识奖	在服务客户的态度和意识方面有突出表现，获得客户的赞许(未必业绩最佳)	公司各级员工
	最佳服务奖	优秀的服务态度和意识，出色的服务业绩，得到客户的认可的员工	公司各级员工

（续表）

理念	奖项名称	荣誉标准(行为/事件/贡献)	获奖人
共赢导向，以客户为中心	最佳服务团队奖	优秀的服务意识，出色的服务业绩，得到客户的认可，并为公司带来丰厚的经济价值或其他价值的团队	公司各级员工
	最佳效率改进奖	从本职工作入手，改进工作方法，提高整体效率的个人(可以考虑以人名命名工作方法)	公司各级员工
	最佳后盾奖	为一线员工提供有价值、切实可行的支持工作，得到业务部门的认可的团队或者个人	公司各级员工
持续优秀	精英奖	具有积极心态、欣赏和鼓励同事的习惯、不抱怨、不推诿工作、懂得感恩且具有影响力的员工	公司各级员工
	正能量奖	具有积极心态、欣赏和鼓励同事的习惯、不抱怨、不推诿工作、懂得感恩且具有影响力的员工	公司各级员工
	销售精英奖	工作态度优秀、工作方法得力，创造优秀业绩的个人	公司各级员工

荣誉评选流程设置如下。

(1) 设置自下而上的推荐评选机制——以部门或经营本部为单位，自下而上推荐荣誉员工。促进被推荐员工的合作共赢意识和感恩意识，促进推荐员工的肯定和欣赏意识。

(2) 设置公司总部荣誉评选小组，负责评选工作及相关标准的最终确定和执行。

(3) 实时荣誉奖项。由部门推荐，部门负责人裁定，上报公司总部荣誉评选小组复核评定。

(4) 年度荣誉奖项。设置上级意见加权评价。例如，部门经理或事业部高级总监的打分加权 50%。

同时，明确初审、复审、终审环节的内容及相关人员和职责，具体如表 5-7 所示。

表 5-7　邦德荣誉评选流程设置

评选环节	评选内容	评选负责人/组织及其主要职责
初审	资格筛选： 查看申报人/团队个人档案和处罚记录； 查看申报人/团队绩效考核结果； 查看申报人获奖记录	考核员： 根据荣誉考核方案中评选资格规定筛选部门级、经营本部级和公司级各奖项的申报对象，形成符合评选资格名单
复审	核算考核成绩，计算考核排名，根据获奖比例选取候选名单： 针对初审环节筛选出来的申报对象，计算其考核成绩并进行排名，按激励人数的两倍选出候选名单	考核员： 根据符合评选资格名单依据汇总的各项考核数据计算申报对象的荣誉考核总成绩； 对所有符合评选资格的申报对象按成绩高低进行排名； 依据排名，按照奖项激励人数的两倍选取候选对象名单； 将候选对象名单提交各评选小组评审
终审	投票表决，确定初步获奖名单： 对于有争议的奖项，各评选小组采用讨论投票的方式选出最终获奖对象； 备注： 有争议是指，同一排名有多名候选对象、申报对象考核成绩与现实表现严重不符、申报对象存在其他一些影响评选结果的正面或负面案例等现象； 如无重大事项，初步获奖名单按照考核成绩排名从上往下选取；对于需调整的必须征得评选小组半数以上人员通过方可	各级评选小组： 审核候选对象的考核成绩和排名，对于有异议的奖项，相应的评选小组组织进行讨论并投票表决，确定初步候选名单 事业部高级总监、事业部人力资源代表审查事业部级候选名单 经营本部副总裁、经营本部人力资源代表、审查经营本部级候选名单 集团总裁、总部人力资源部副总裁、总部评选小组代表审查整个集团候选名单
申诉处理	公议、申诉、处理： 审批通过的初步获奖名单进行为期一周的公议，员工针对有异议的奖项向绩效管理员提出申诉，绩效管理员进行申诉处理	绩效管理员： 绩效管理员受理所有员工申诉，根据申诉内容展开调查、核实，制定处理意见反馈各级评选小组，并及时给予申诉人回执处理结果； 各级评选小组： 对于名单需要调整的，调整初步获奖名单，形成最终获奖名单 审批责任人： 审批最终获奖名单

在评选出荣誉榜样后，还要选择荣誉奖励颁发的时机和场合。

事业部级奖项颁发方式如下。

(1) 在事业部或部门全员大会上举行。

(2) 根据需要随时颁发。

(3) 奖项由事业部或部门负责人出席并亲自颁发。

(4) 事业部高级总监和获奖人员合影，并将照片悬挂在营业部或中心荣誉长廊内。

经营本部级奖项颁发方式如下。

(1) 在某经营本部或部门全员大会上举行。

(2) 半年度颁发一次。

(3) 经营本部级奖项由经营本部副总裁亲自颁发。

(4) 经营本部副总裁和获奖人员合影，并将照片悬挂在营业部或中心荣誉长廊内。

公司总部级奖项颁发方式如下。

(1) 在年终总结大会上举行。

(2) 总裁及分管副总裁出席并亲自颁发。

(3) 每年颁发一次。

(4) 总裁级人员与获奖人员合影，并将照片在公司总部荣誉室存档。

(5) 获奖的部分个人可赢取和总裁共同进餐的机会，以沟通思想和工作。

同时，针对不同类别的奖项，采取差异化的荣誉宣传方式，具体如表5-8所示。

表5-8 邦德荣誉宣传的多种方式

奖项类别	宣传方式
事业部级	给家人发贺信
	组织召开经验交流会
	德邦内部媒体(网站、报纸、移动电视、OA等宣传)

（续表）

奖项类别	宣传方式
经营本部	给家人发贺信
	组织召开经验交流会
	德邦内部媒体（网站、报纸、移动电视、OA 等宣传）
	部分优秀案例编入培训教材
	部分优秀案例制作视频短片
公司总部级	给家人发贺信
	组织召开经验交流会
	德邦内部媒体（网站、报纸、移动电视、OA 等宣传）
	部分优秀案例编入培训教材
	部分优秀案例制作视频短片
	在德邦外部报纸、地方媒体以及企业投放的广告宣传中投放
	编辑优秀个人自传
	将年度个人以及团队大奖获得者做成德邦年终挂历，分享给每位员工

同时，德邦还配套荣誉之星宣讲会、交流等方式，不断提高榜样的影响作用。为了更好地完善荣誉管理体系，构建了相应的荣誉审计体系，以促进德邦物流“激情进取、成就客户、追求卓越、团队协作、诚实守信”的核心价值理念落实生根。

（三）温州移动“超人俱乐部”

为打造“比、学、赶、超”的工作氛围，倡导“超越”的文化，稳定激励一批绩效优秀的员工持续性、长期性地付出，提升公司业绩，温州移动结合文化、榜样、荣誉体系、价值观、游戏化思维等多种理念，打造了以皇冠、钻石、金星、银星、铜星为标志的超人俱乐部管理体系。

铜星超人俱乐部主要为班组考核，每周进行推送；银星超人俱乐部主要是区域考核，月度通报；金星超人俱乐部主要是县市区分公司考核，季度考核通报；钻石超人俱乐部主要为市公司专业部门把关，由公司统一召开年度颁奖晚会方式表彰；皇冠超人俱乐部则由温州移动在移动集团内部甚至外部推荐和选送，争取获得更高的荣誉和奖励。

针对不同的俱乐部等级，设计了五级内部会员等级，并以徽章的标识进行区分。为避免人员冗杂，温州移动还对会员名额进行了强制分布（见表5-9）。

表5-9　温州移动“超人俱乐部”等级设置

俱乐部等级	会员等级	会员名额	管理部门	评选周期
皇冠超人会员	♛♛♛♛♛	视实际情况	CMCC/ZMCC	
	♛♛♛♛			
	♛♛♛			
	♛♛			
	♛			
钻石超人会员	♦♦♦♦♦	全地区员工的10%/周期（每个等级各2.5%，下同）	温州分公司荣誉体系建设委员会	年
	♦♦♦♦			
	♦♦♦			
	♦♦			
	♦			
金星超人会员	★★★★★	县市区分公司、部门员工总数的10%/周期	县市区分公司荣誉体系建设委员会	季度
	★★★★			
	★★★			
	★★			
	★			
银星超人会员	★★★★★	区域员工总数的10%/周期	各区域经营部	月
	★★★★			
	★★★			
	★★			
	★			
铜星超人会员	★★★★★	班组员工总数的10%/周期（每个班组最少有1名）	各班组	周
	★★★★			
	★★★			
	★★			
	★			

不同的超人俱乐部成员，也配套了不同的表彰方式，主要分为公司媒介表彰宣传、公司现场会议表彰宣传、显性物品专属表彰、物质奖励、职场发展等。

其中，公司媒介表彰宣传主要分为市、县市区、区域三级。

(1) 流媒体。明确播放时长、周期、照片尺寸、文字等。

(2) 荣誉墙。刊登的周期、照片尺寸、文字等。

(3) 简报。

(4) 手机报。

(5) 班组管理系统。

公司现场会议表彰宣传则分为市、县市区、区域、班组四级。

(1) 公司年终群英颁奖荣誉晚会。

(2) 半年度工作会议。

(3) 月度经营分析会。

(4) 周例会。

(5) 班组晨会。

(6) 巡回演讲。

显性物品专属表彰同样分为市、县市区、区域、班组四级。

(1) 绿化盆栽(大小高低之分)、鲜花、显示器(大小、品牌)、办公电脑(配置、品牌)、笔记本电脑、字画、桌面摆件(地球仪等)、派车优先、食堂专区(专席)等。

(2) 徽章、服饰、名片、公文包、领带夹、工号牌、手表、戒指、皮鞋、文具、文件夹、镇纸。

(3) 奖状、荣誉证书、总经理签名的嘉奖令。

物质奖励分为市、县市区、区域、班组四级，如奖金、体检、考察、旅游、培训、实物等。

职场发展分为市、县市区、区域三级。

(1) 提干。

(2) 竞聘。

(3) 专业调动等。

同时,针对各类超人,也设计了针对性的管理机制。以钻石超人俱乐部为例。会员分为1钻到5钻共计5个等级,人数各为总钻石人数的20%。

入会的基本条件:有完整的年度考核成绩,且在优良及以上。

此外,还有一些硬性条件约束,符合下列条件之一即可参会。

(1) 获得温州分公司年终各专业考核排名前10%。

(2) 获得省公司/集团各专业比赛前10名。

(3) 获得市级先进集体的负责人。

(4) 获得市级及以上优秀员工、优秀工会积极分子等。

在明确了参会条件之后,也规定了钻石超人俱乐部升降级的具体规则。

(1) 晋级。连续2年及以上保持同等级荣誉的会员,次年可上升一个星级;突出贡献或获评更高一级荣誉,可越级晋升。

(2) 保留资格:女工孕期、因公借调期间可申请保留会员资格,保留期间待遇暂停发放。

(3) 降级。当年未达到上年同等级荣誉的要求的会员,需降到当年的实际荣誉等级。

(4) 退出。离职、调离现岗位(非公司工作需要)或综合考核欠佳、受到严重警告、发现严重损害公司形象的行为等。

例如,营业员A 2018年为市公司2钻超人会员,若2019年也符合市公司2钻超人会员的条件,则营业员A可以在2019年晋升为市公司3钻超人会员,若营业员A在2019年只达到市公司1钻超人会员的条件,则营业员A在2019年将降为市公司1钻超人会员。

不同钻级的超人俱乐部会员享受的待遇，也有所差别，具体如表 5-10 所示。

表 5-10 温州移动“超人俱乐部”不同等级待遇设置

俱乐部等级	会员等级	市公司级				
		媒介宣传				
		流媒体	荣誉墙	各简报	手机报	班组管理系统
钻石超人会员	◆◆◆◆◆	7 寸照片\简介\单独\10 秒\天	7 寸照片\简介	7 寸照片\简介	照片\简介	照片\简介
	◆◆◆◆	7 寸照片\简介\单独\5 秒\天	7 寸照片\简介	7 寸照片\简介	照片\简介	照片\简介
	◆◆◆	5 寸照片\名字\集体\10 秒\天	5 寸照片\名字	5 寸照片\名字	照片\名字	照片\名字
	◆◆	5 寸照片\名字\集体\10 秒\天	5 寸照片\名字	5 寸照片\名字	照片\名字	照片\名字
	◆	5 寸照片\名字\集体\5 秒\天	5 寸照片\名字	5 寸照片\名字	照片\名字	照片\名字

俱乐部等级	会员等级	市公司级					
		现场表彰(表扬)					
		群英荣誉会	半年度会议	月度经营分析会	周例会	班组晨会	巡回演讲
钻石超人会员	◆◆◆◆◆	●					●
	◆◆◆◆	●					●
	◆◆◆	●					●
	◆◆	●					●
	◆	●					●

（续表）

俱乐部等级	会员等级	市公司级								
		显性物品								
		徽章	名片	服饰	公文包	皮鞋	领带夹	工号牌	手表	大徽章
钻石超人会员	◆◆◆◆◆	●	●		●			●		24K
	◆◆◆◆	●	●		●			●		24K
	◆◆◆	●	●		●			●		24K
	◆◆	●	●		●			●		24K
	◆	●	●		●			●		24K

俱乐部等级	会员等级	市公司级										
		显性物品										
		文具	文件夹	镇纸	盆栽绿化	显示器	电脑配置	笔记本电脑	字画	案头摆件	车辆优先	食堂专区
钻石超人会员	◆◆◆◆◆	●	●		●							
	◆◆◆◆	●	●		●							
	◆◆◆	●	●		●							
	◆◆	●	●		●							
	◆	●	●		●							

俱乐部等级	会员等级	市公司级		
		荣誉奖励		
		奖状	荣誉证书	总经理嘉奖令
钻石超人会员	◆◆◆◆◆	●	●	●
	◆◆◆◆	●	●	●
	◆◆◆	●	●	
	◆◆	●	●	
	◆	●	●	

（续表）

俱乐部等级	会员等级	市公司级					
		物质奖励					
		奖金	体检	旅游	培训	考察	实物
钻石超人会员	💎💎💎💎💎		升一档	升一档	●	●	●
	💎💎💎💎		升一档	升一档	●	●	●
	💎💎💎		升一档	升一档	●		●
	💎💎		升一档				●
	💎		升一档				●

通过三个荣誉子系统，多维度实施，确保超人俱乐部体系运转良好。

第一维度主要衡量日常表现积分，为鼓励员工积极参与公司日常活动，包括创新活动、信息征文、优秀案例、组织活动及特殊贡献等，合理设定了相关的积分规则，实时更新员工荣誉积分。

第二维度主要衡量职能部门、区域、班组组织开展内部评选活动，要求针对主导计划重点项目（3～5 项）绩效表现，结合日通报、周进度督导，灵活开展周期短（每周或每月）、近距离 PK。

第三维度主要衡量各专业线组织单项业务标兵或服务明星评优。

第四维度主要衡量外部荣誉（含市公司专业部门通报）纳入荣誉体系激励。

同时，针对五层五级荣誉体系，设计了对应的积分体系和等级晋升规则（见表 5-11）。

表 5-11　温州分公司荣誉体系积分对照表

等级	对应积分	荣誉勋章					积分级差
1	10	1 铜	/	/	/	/	10
2	30	2 铜	/	/	/	/	20

（续表）

等级	对应积分	荣誉勋章					积分级差
3	50	3 铜	1 银	/	/	/	20
4	100	4 铜	2 银	/	/	/	50
5	200	5 铜	3 银	1 金	/	/	100
6	300	/	4 银	2 金	/	/	100
7	400	/	5 银	3 金	1 钻	/	100
8	500	/	/	4 金	2 钻	/	100
9	600	/	/	5 金	3 钻	1 冠	100
10	800	/	/	/	4 钻	2 冠	200
11	1 000	/	/	/	5 钻	3 冠	200
12	1 200	/	/	/	/	4 冠	200
13	1 500	/	/	/	/	5 冠	300

等级晋升规则更是明确了铜、银、金、钻、皇冠的晋升规则（见表5-12）。

表 5-12　温州分公司荣誉等级晋升规则简表

奖项	班组（铜）	区域/中心（银）	县公司/专业部门（金）		市公司（钻）		省公司、集团（皇冠）	
星级	单项奖	单项奖	单项奖（专业）	综合奖（分公司、党支部）	单项奖（专业）	综合奖（公司、党委）	单项奖（专业）	综合奖（公司、党组）
1	每周	月度	月度		非年度		省公司年度	
2	月度						集团专业荣誉	省公司年度
3		年度	年度		年度			集团综合荣誉
4	年度			年度		年度		

（续表）

奖项	班组（铜）	区域/中心（银）	县公司/专业部门（金）		市公司（钻）		省公司、集团（皇冠）	
5								
下一等级								

在日常操作过程中，温州移动以现场辅导、巡视评估为手段，营造了浓厚的荣誉氛围，通过亲赴班组现场颁奖，融合劳动竞赛、技能比武、主导计划、CEO 及基层团队管理等方式，促使各级管理人员逐步认识荣誉体系建设的作用。

结合分公司专题会议，或召开荣誉表彰仪式，提升员工感知和荣誉价值，此外还建立对外传播机制，将荣誉彩信发送给集团关键人、渠道、家属等（见图 5-14）。

同时，在传播层面，温州移动多层次规划，显性化宣传荣誉评选结果，包括个人层面的员工荣誉牌和荣誉勋章，班组层面的荣誉墙，分公司层面的荣誉榜等方式（见图 5-15）。

温州移动同时配合劳动竞赛，以专项荣誉、月度达人劳动竞赛通报为主线，开展荣誉宣传，助推经营业绩与工作效率提升。

专题评选主要通过业务类如上网伴侣、智能终端月度销售冠军，“超越平凡”之“最主动、创新、专家、团结、解决问题”等系列评选。

劳动竞赛则通过数十项劳动竞赛及综合评优，进行月度通报，半年度榜中榜、年度 100 大超人评选等方式，进行立体式传播（短信、彩信、微信、流媒体、公告牌等）（见图 5-16）。

分公司及区域荣誉墙

铜星、银星、金星级员工荣誉证书

铜、银、金星级员工客户经理片

铜星获得者在班组里的分享会

区域钢、银星获得者班组表彰会

公司奖励银星获得者一日野外拓展

图 5-14　温州移动的多种荣誉表彰形式

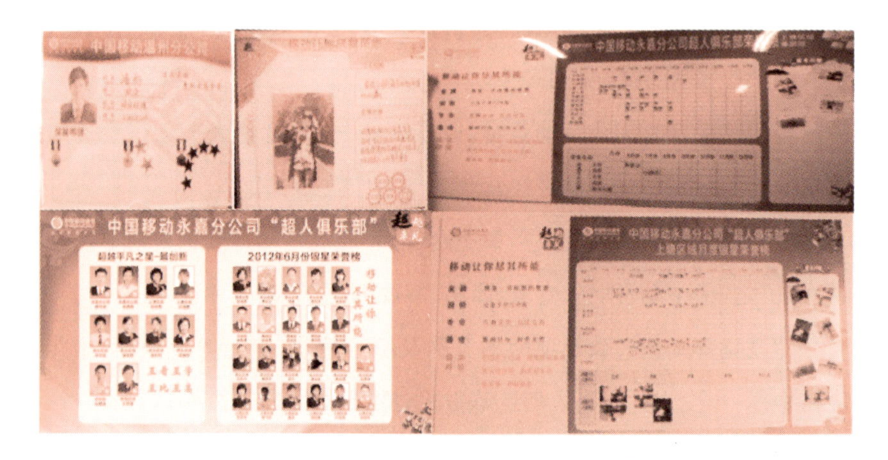

图 5-15　温州移动的多种荣誉宣传形式

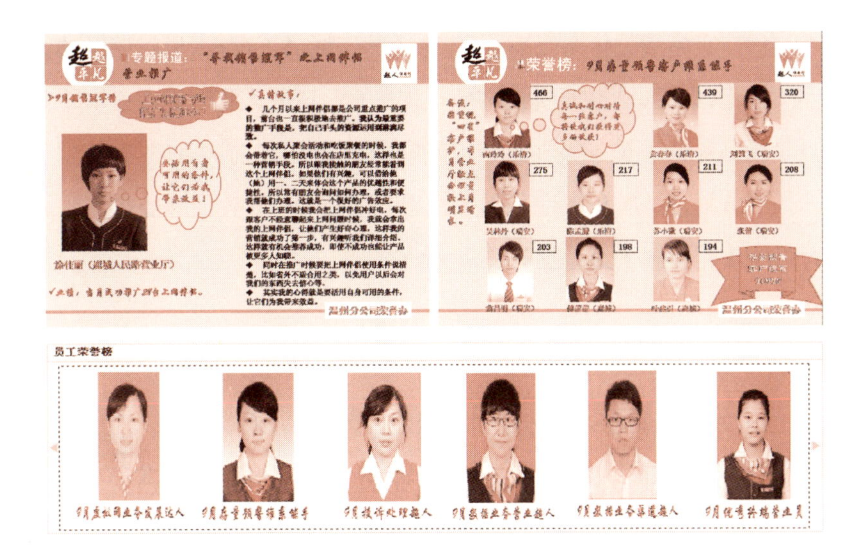

图 5-16 温州移动的多种荣誉宣传形式

最隆重的莫过于年度颁奖盛典了，将荣誉体系建设推向了新的高潮。每年年初，温州移动都会召开超越平凡去年度颁奖盛典，在颁奖盛典上，温州移动不单单邀请了温州市政府相关领导出席，同时也邀请集团公司、同区域明星等为优秀员工颁奖(见图 5-17)。

图 5-17 温州移动的年度颁奖盛典

当然，实施荣誉体系之后，温州移动的一线员工反映，通过荣誉体系建设，营业、集团、渠道等领域均有明显改善。其中营业厅满意度从之前的68分提升到了87.4分，而第三方暗访成绩从之前的67%提升到了98%，不单单是员工积极性与创造性得到了提高，团队氛围变得更加融洽，工作效能得到了显著提升。

（四）荣誉体系日常管理的要点

前文分享了华为、德邦、温州移动的案例，希望读者们能够大概了解荣誉体系的理论背景、操作要点，但是也有一些要点，需要着重关注。

荣誉管理是绩效管理的一个重要方面，文化荣誉管理、专业荣誉管理和经营荣誉管理与文化考核、专业能力考核和经营考核处于并列的关系，考核主要的作用是使员工达到一般标准，而荣誉管理的主要作用是树立突出的典型，并以激励的形式进行彰显。

荣誉管理激励形式有别于绩效管理。绩效管理对员工的激励，通过绩效工资实现；荣誉管理的激励则通过荣誉奖金和荣誉称号来实现。

荣誉的普及度不宜过高也不宜过低，每个评选周期应控制在5%～15%的范围，荣誉的泛泛化容易使企业付出的成本丧失激励作用。

荣誉的管理的获得源于日常的管理与积累，而非一时的评选。

此外，管理者在设计荣誉体系的时候，要关注以下五点。

（1）荣誉奖项设计的基本原则，包括荣誉奖项的来源分类、荣誉评选周期及奖励范围等。

（2）荣誉奖项的具体设计，包括文化类、经营类、客户类、成长类等各方面的奖项，管理者可以结合组织诉求，设计相应荣誉奖项。

（3）荣誉评选的流程与方法，明确荣誉申报的流程，荣誉评选的组织，荣誉评选的方式，并将以上流程与方法以制度形式明确。

（4）荣誉奖项的办法，形式就是最好的内容，管理者要明确荣誉颁发的方式，精神激励与物质激励配套，同时还应当注意荣誉的宣传和推广。

(5) 荣誉审计，做好荣誉体系的闭环管理，明确荣誉审议的原则和关注风险点。

相信经过以上五大步骤，管理者应该可以设计出一套针对性强、趣味性强、有效性强、激励性强的荣誉体系。

第六章 全面认可激励，激励困局的新思路

本章导读

游戏化思维、幸福企业、积分制管理、荣誉体系建设、内部光荣榜，这些优秀的管理新思路，整合为一个整体，就构成了华夏基石全面认可激励。全面认可激励，通过对员工进行关爱、绩效、行为、成长、管理改进、忠诚等方面的认可，激发员工主人翁意识，让员工感受到组织的温度，从而激发更大的工作热情。

知识重点

华夏基石全面认可激励、关爱认可、绩效认可、行为认可、成长认可、管理改进认可、忠诚认可

一、华夏基石全面认可激励模式

资源匮乏的年代，工资、奖金、实物福利成为管理层激励员工的主要手段。随着经济的发展和时代的进步，物资充裕的互联网时代，个性独特、才华横溢的“90后”登上历史舞台，如何激励这群“古灵精怪”的新生代员工，成为当下管理者的最大难题。

还好，以工业时代为根基的互联网时代并没有摆脱传统的组织和

激励理论，管理的根基尚有迹可循。在人力资源效能时代，人力资源效能的提升，必定将落实在每一个员工的效能提升上，面对个性化的员工需求，华夏基石结合多年咨询经验，结合组织行为学、游戏化思维、积分制管理、幸福企业等多种管理新思路，提出全面认可激励模式。全面认可激励，将成为互联网时代企业管理者最有效的激励手段。

认可(Recognition)激励，在承认员工的绩效贡献的基础上，对员工的工作能力、工作态度给予特别关注，从员工内在的心理需求，给予认可和肯定。全面认可激励则从员工的行为评价和行为认可两个方面入手，完全满足员工个性化、多样化的需求。认可激励的目的是打造良好的环境和平台，让员工的潜力发挥到最大化，最终提升整体的组织人力资源效能。

全面认可激励，是指针对员工日常表现出的、不在组织绩效考核范畴内的、符合组织文化和价值理念，能够对组织战略发展和组织成长作出贡献的员工行为进行认可和激励。

全面认可激励强调内容激励，在传统物质激励、精神激励的基础上，增加员工个性化偏好方案，让员工参与到认可方案的制定过程中，提高认可方案的激励程度。

全面认可激励重视过程激励，力求公平、及时、互动。公平即要求全面认可激励项目要覆盖全员；及时则要求行为一经发生便需进行认可；互动则是要建立一个虚拟的社群空间，增强员工的组织黏度。

在员工层面，全面认可激励能够有效激发正能量，提高工作的成就感和趣味性；同时，有利于员工自我潜能的开发和全面发展，有效地提高员工的工作满意度，提高组织和同事之间的认可和关怀感受。

在组织层面，全面认可激励可以打造良好的组织文化氛围，提高员工个体层面的组织认同感，能够更有效地利用管理工具，将管理资源的效用最大化，能够提高绩效产出和价值创造的高效性；同时，大数据的全面性也可以为人力资源评价和利用做数据支撑。

（一）六大认可的全面认可激励模式

全面认可激励，指的是在承认员工的绩效贡献基础上，对员工努力工作的其他维度给予特别关注。通过对员工行为、态度、努力或绩效给予相应的认可、评价和反馈，让员工感受到自己的组织价值被承认、被认可、被赏识。

全面认可激励体系旨在通过打造组织内部良好的环境和平台，让员工的潜能得到最大限度的发挥，从这个角度出发，提出了全面认可激励模式。这一模式主要包括六个模块：关爱认可、绩效认可、行为认可、成长认可、管理改进认可和忠诚认可。

1. 关爱认可评价

这主要侧重于员工在企业中日常关怀的认可评价。在实施中，一般先将员工的入职日期、生日、结婚纪念日、节假日等重大时间节点信息录入归档，在节点到来时为员工提供相应的关爱认可评价。例如，阿里巴巴“一年香，三年醇，五年陈”，就是关爱认可评价的一种。

2. 绩效认可评价

这主要侧重于对员工日常绩效的认可，既可以对过程进行认可，也可以对结果进行认可。全面认可激励与企业绩效管理体系既可以是相辅相成的存在，也可以将绩效管理体系纳入全面认可激励体系之中。

3. 行为认可评价

这指的是针对员工不能够产生直接绩效产出，但是符合公司价值观，同时能有助于企业进一步发展的行为发生时，给予的评价认可，企业中的价值观评价方式，也可以理解为行为认可评价。

4. 成长认可评价

这也叫员工发展认可评价，主要是为了激发员工自我学习和成长的热情。这是当员工参与培训、自我学习等行为发生后，予以的认可评价。同时，也对员工积极帮助他人成长的行为，比如授课、分享、师带徒等进行及时认可。

5. 管理改进认可评价

这是针对专业技术型人才的技术改进认可或者其他类型人员的日常工作改进认可。具体认可项目包括创新认可、合理化建议认可、集思广益认可等。

6. 忠诚认可评价

这是对员工学历、司龄、职称等方面的认可评价，在员工对于公司的忠诚方面予以实时认可。

（二）全面认可激励模式的具体特点

全面认可激励的管理目的是激发员工动力和热情，让员工感受到被尊重、承认、认可、赏识，从而将员工的潜力发挥到最大化。全面认可激励具备以下五个特点。

1. 正面评价为主，避免负面评价

全面认可激励主要以正向评价为主，往往以表扬、认同、认可等方式给予员工正能量，通过认可的不断强化，加强员工的行为学习能力。

2. 认可评价应以精神激励为主，结合物质激励

全面认可激励更看重从精神层面对员工的付出进行认可。在员工看来，公众性的认可可以留下一个持续一段时间的印象与感觉，一个礼物或者纪念品可以是一种努力付出的象征。比如，领导送给员工卡片，或者真诚地说一些感谢的话，会令员工非常激动，产生自豪感。

当然，全面认可激励的结果应用也可以结合薪酬奖金发放，但需要尽量淡化薪酬的影响性，让工作成为工作本身最大的回报，是全面认可激励的真正用意。

3. 评价指标以行为指标为主，绩效指标为辅

在全面认可激励体系中，以行为导向的认可指标为主，旨在培育员工日常行为方式和价值观，以行为来促进企业价值观的落地生根，同时在行为认可评价中，加强员工的价值创造意识，最终实现在行动中玩，在玩中学，在学中前进，在前进中创造价值。

4. 即时评价为主，周期性评价为辅

全面认可激励是及时的、灵活的，在 IT 系统的支持下，能够第一时间内对员工的贡献作出积极反馈，从而弥补传统绩效评价结果应用的滞后性。

5. 全面认可激励，而非绩效认可评价

全面认可激励是多元化的评价认可方式，对于过程评价，对于行为评价，同时也对于绩效认可评价。

二、全面认可激励需要 IT 平台的支持

全面认可激励系统是互联网时代的企业管理方式变革工具，信息系统最适合作为互联网思维下的全面认可激励体系的最优载体。

本文提出的全面认可激励信息系统，主要包括四个部分：个人中心、认可商场、任务广场、集体模块。

(一) 个人中心

员工个人 IT 系统的页面主要包括首页、认可、悬赏、荣誉、建议、公告、员工等模块(见图 6-1 和图 6-2)。

(1) 首页。包括公告及日常行为的认可奖励信息。首页奖励中的公告内容包括认可、荣誉、悬赏、建议等模块。

(2) 认可评价模块。主要包括认可积分等级、认可详情页、添加认可、选择认可对象等模块。

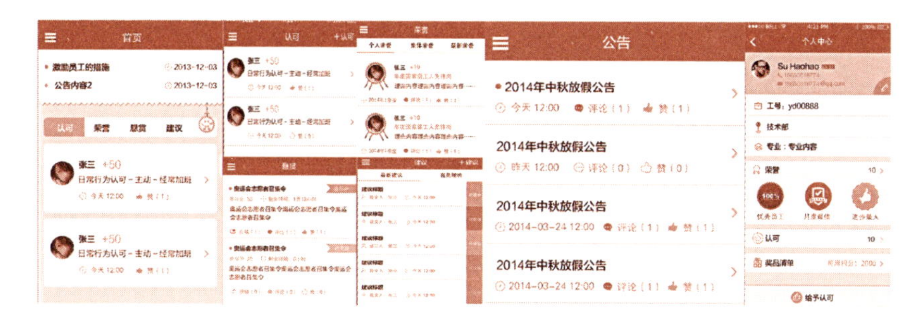

图 6-1　全面认可激励系统页面

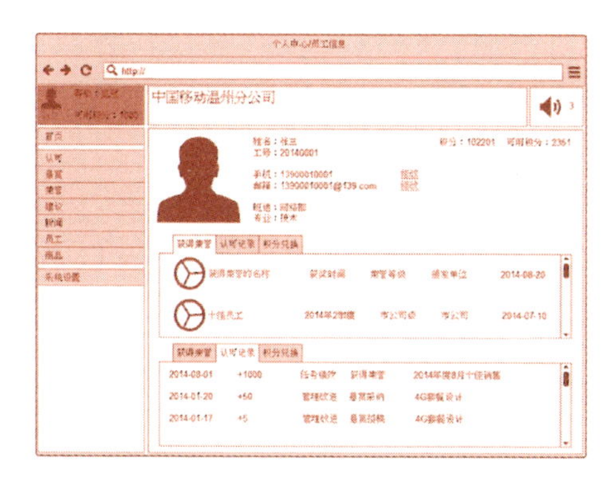

图 6-2　员工个人中心页面

(3) 悬赏模块。主要包括悬赏详情、悬赏发布、悬赏投稿、悬赏评论等模块。在悬赏环节，由具有悬赏权限的用户发起悬赏，员工在系统内进行参与。

(4) 荣誉模块。主要包括个人荣誉、集体荣誉、荣誉详情等子模块。其中，荣誉的获得也分为勋章和积分两种形式。

(5) 建议模块。分为建议反馈、建议点评、建议评论、建议验收、建议奖励等子模块。

(6) 公告模块。主要用来发布公司的各项规定，如《假日规定》《相关文件精神》等。

(7) 员工个人中心模块。包括个人中心设置、奖品清单、全体成员一筛选、全体成员等模块。

(二) 认可商城

认可商城是对于员工在全面认可激励系统内赚取积分的一个奖励商城，是员工评价积分货币化的消化系统。认可商城的认可奖励一般分为两种：一种为物质激励；一种为非物质激励。物质激励的方式有购买商品、竞拍、秒杀等形式；非物质激励的方式有调休券、停车券等（见图 6-3）。

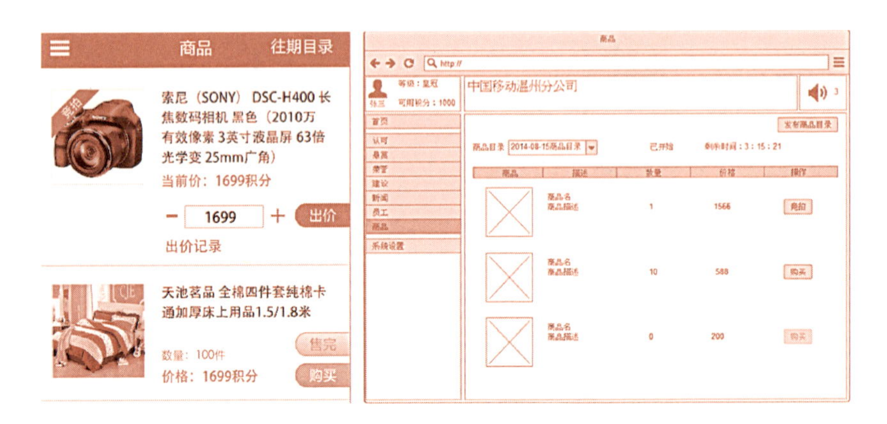

图 6-3 员工认可商城购买页面

(三) 任务广场

任务广场为悬赏和漏洞（bug）提交系统，会有公司提交的悬赏通知，凡获得参与者都有积分奖励，意见采纳者，更有奖励积分。漏洞提交按照相关分类进行，主要包括管理改进、流程优化、业务创新等（见图 6-4）。

(四) 集体模块

系统的首页，可以看到积分排行榜，也可以看到最新发生的认可行为，同时也可以在论坛中与其他同事发起话题，进行讨论（见图 6-5）。

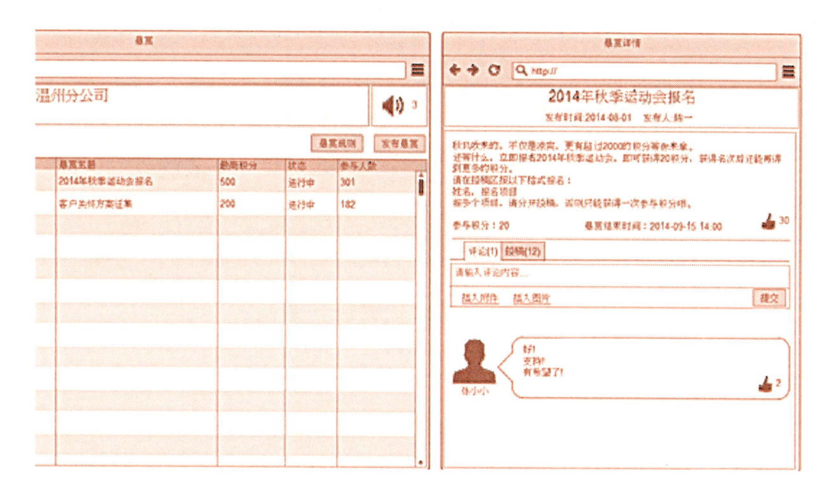

图 6-4　人物广场页面

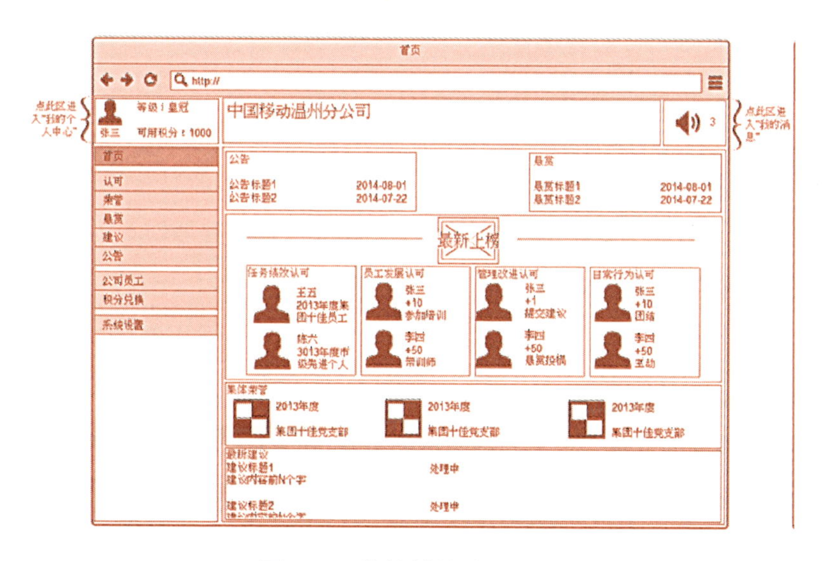

图 6-5　集体模块首页页面

三、全面认可激励要与“游戏化思维”结合应用

为了配合全面认可激励体系的良好运转，一般建议企业内部采取游戏化方式设计。这主要结合五种常见的游戏化元素作为管理手段，来将

游戏化管理和全面认可管理体系结合起来(见图 6-6)。

图 6-6　游戏化管理元素

(一) 点数

点数在游戏中为游戏进展的数值表示;在全面认可激励系统中,则需要将认可任务数值化。例如,加班一次奖励 10 分,帮助团队他人一次奖励 10 分。

(二) 徽章

徽章在游戏中为可视化的成就标示;在全面认可激励系统中,则是类似于“小红花”“小奖章”之类的勋章。例如,“最具管理创新奖”“最团结同事奖”“最佳技术能手”等。

(三) 等级

等级在游戏进程中为获得的定义步骤;在全面认可激励系统中,等级意味着薪酬、职位序列、年终绩效考核、奖金分配、职责权限等的区别,也可认为是助理、专员、主管、经理、副总的区分。在盛大游戏管理体系中,对应的积分有对应的等级,如 1 000 积分,对应 S1 等级,也即为公司中的专员级别。

(四) 排行榜

排行榜在游戏中是视觉化地展示玩家的进展和成就;在全面认可激

励系统中，则是将分类的认可积分进行排序，并分列总榜单和单项榜单，类似于 NBA 中的 MVP 排行榜、得分排行榜、助攻排行榜、篮板排行榜等。

（五）挑战

激励用户完成特殊任务，在全面认可激励系统中的悬赏、建立和管理改进等模块，相关责任人可以发布任务，供员工自行打标，凡完成任务者，一律有额外奖励。

（六）构建全面认可激励体系

管理者可以通过以下六种手段，结合“游戏化思维”构建全面认可激励体系。

1. 明确认可评价模块

要明确哪些行为簇、价值导向、文化导向是全面认可激励系统认定的，在六大认可模块中选取符合企业管理现状的模块，并针对专项模块的特指行为进行深入拓展，明确认可模块下的认可行为子项和具体措施。

2. 划定目标行为

在确定认可模块及认可行为子项之后，要对行为进行划定。行为划定的范畴主要包括行为子项的描述、具体的日常行为项目、认可人群、评定人群、评定规则、评定周期等综合因素。

3. 界定参与者职责

在全面认可激励体系中，管理行为的职责权利要明晰。具体行为的发起者、行为的评定者、行为的监督者、系统运行的监督者等，都要将相关的职责权利明确到位。各单位可以依据公司特色，制定相应的积分委员会、荣誉委员会、监督委员会等虚拟监管机构，以行使相关权利。要注意的是，认可评价应用资源有内部资源和外部资源之分：内部资源包括高层激励、发展激励、荣誉激励以及部分实物激励等，外部激励则包括康养激励、实物激励等。

4. 制定认可评价周期

虽然全面认可激励系统强调评价的及时性，但因为六个模块行为的不确定性，因此要明确认可评价周期。其中，忠诚认可评价、关爱认可评价，由固定时间决定；绩效认可评价则同公司内部的绩效考核方案相结合；其他认可评价，行为发起时即可进行认可评价，以提高认可评价的激励性。

5. 添加过程乐趣

全面认可激励系统在推行之初，要加快反馈速度、明确相关目标，同时设置有挑战性但是可达到的目标，以及意外的突发惊喜。在全面认可激励系统的认可商城中，可以采取秒杀、抢购、拍卖等形式，增加乐趣；同时，在内部 SNS 社区一定要去除组织权威，增强个体趣味，允许出现相关的个性化但非负面的内容。

6. 采用适当方法

全面认可激励作为一种评价方式和管理手段，在其移动互联时代背景的管理内涵下，也可以采取相应成熟的技术方法，如认可行为确定时的问卷调查法、专家访谈法、头脑风暴法等，而在认可行为分级同认可评价规则制定时，则需要借鉴绩效考核、总体薪酬等相关的技术方法。

四、员工如何参与全面认可激励体系

员工需要完成以下五种行为，来参与全面认可激励体系。

（一）参与全面认可激励体系的构建

全面认可激励体系提倡全员参与规则制定。所以，作为员工客户化的重要手段，认可评价行为项目、行为认可评价规则、认可评价积分及认可商城的确定，将以员工参与访谈、问卷等形式完成，广泛采纳员工意见，制定员工知晓、认同、满意、参与感强的全面认可激励体系。

（二）参与体系下的认可评价行为项目

在体系完备之后，员工将在企业战略和价值观指导下，开展日常行为，并按照相关的运行规则和管理办法，提交发生的认可行为项目。

（三）获取相关认可评价反馈和行为积分

在员工完成相关认可活动后，由系统自动或者相关责任人向员工进行行为认可评价反馈，相关责任人可以为员工的直属领导，也可以为行为发起方，如工会、党委、团委等，也可以是任务发起方。积分发放实行“有进必有出，有出有监督”的规则，明确积分发放单位及发放规则。

（四）个人系统生成积分账户

在 IT 系统中，得到相关行为评价反馈后，员工个人账号将生成相应积分，同时，对积分进行分层分类，员工可以在系统中查询自己的相应积分，以及在积分总额和单项排行榜的名次。

（五）消耗相关积分

作为全面认可激励体系的重要组成部分，认可商城主要为满足员工需求的多样性，以及提高系统内的趣味性而设立。

五、全面认可激励与传统评价手段的区别和联系

全面认可激励以表扬、认同、促进、引导为主，无论是正式的还是非正式的，与传统的绩效评价方式不同（见表 6-1）。

表 6-1　全面认可激励体系的核心优势

员工层面	组织层面	管理者层面
正能量	良好的组织氛围	更有效的激励
成就感	更高的绩效产出	更高的员工满意度
自我潜能的挖掘	更有效的人才利用	先进的人才管理理念
最佳工作地的感受	更全面的激励系统	更及时的绩效评价与反馈
及时的评价与认可	企业及个人财务解决方案	减轻管理者的工作负担
企业与同事的关怀	用途广泛的企业社交网络平台	
个性化的奖品选择		

传统的绩效评价认可仅仅是针对20%的优秀员工进行认可；全面评价认可激励覆盖了全员的行为，对一切能够推动组织发展的行为进行认可。同时，全面认可激励鼓励组织成员全体参与认可，形成他人认可、自我认可、互相认可的格局，取代单向而行、自上而下的管理者“一元”激励的局面。

全过程认可评价。评价活动真正伴随了整个工作过程，全面认可以引起需求为始，以满足需求为终。

全要素认可评价。在绩效评价的基础上，非绩效行为认可评价占了很大比重，对任何对组织发展有促进作用的要素，都给予及时的认可，促使员工充分认识行为本身的特殊价值。

目前企业在实践过程中，常常面对协同、共享、持续改善、文化落地等核心问题。

如何在员工个体层面推动组织内部合作与协同，提高企业的协同价值的问题；如何在员工个体层面提高企业内部知识共享的问题；如何鼓励员工进行“微创新”，实现持续改善的问题；如何保证企业文化落地在员工的日常工作行为中的问题；以及如何把员工的碎片时间聚集到为公司做贡献、发挥正能量上来等问题。这些都可以利用全面认可激励体系来解决。

认可评价激励在组织层面，全面认可激励体系建设可给组织带来良好的氛围、更高的绩效产出，促进员工客户化，提高员工对组织的满意度，为员工提供优秀的企业社交网络平台。

在人力资源管理方面，认可评价激励体现在对员工的认可评价与激励无时不在，促进员工自我管理。

在企业文化方面，认可评价激励给企业带来更多的协作、关爱和共享精神，维护员工工作与生活的平衡、参与互动精神、正能量与成就感、公司文化和制度的落实和推进手段。

六、基于个人的全面认可激励模式

在企业构建基于个人的全面认可激励体系中，一般包括四个步骤。

(一) 制定认可评价要项

任何企业在构建全面认可激励体系前，都应该梳理企业的战略目标和文化价值导向。将战略目标及文化价值导向，分解至行为层面，下面分享企业案例。

1. 关爱认可评价

在企业实践中，关爱认可评价如表 6-2 所示。

表 6-2 关爱认可评价行为及其描述

认可模块系统	行为项	行为子项描述	具体行为项目
关爱认可	各种纪念日	员工个人层面的各种纪念日，如生日、结婚纪念日等需要纪念和庆祝的时间节点	1. 员工个人生日
			2. 员工结婚纪念日
			3. 其他的纪念日

（续表）

认可模块系统	行为项	行为子项描述	具体行为项目
关爱认可	员工进入公司日期	员工进入公司后，成为公司价值创造大军的一员，值得纪念的时间节点	1. 员工进入公司的日期
			2. 员工值得纪念的公司日期
			3. 其他公司纪念日
	各种节假日	国家法定的，公司规定的各种节假日	1. 春节等节假日
			2. 妇女节、儿童节等节假日
			3. 公司生日等内部假日
			4. 其他假日

2. 绩效认可评价

将绩效考核指标纳入信息化系统，在员工完成相应考核任务后，予以及时认可（见表 6-3）。

表 6-3 绩效认可评价行为及其描述

认可模块	行为项	行为子项描述	具体行为项目
绩效认可	全面绩效评优	现有绩效指标覆盖范围及之外的，能够衔接组织流程，提高运行效率、全面健康完善组织目标的个人行为	1. 员工年度绩效考评结果（年度）
			2. 员工过程考核结果（月度）
			3. 其他考评结果
	项目过程管理评价	在 CEO 项目推进过程中，能够及时主动为项目提供个人协助的行为，并努力提高项目成果的行为	1. 项目贡献程度
			2. 相应项目工作的及时程度
			3. 项目工作完成质量
	荣誉体系认可	在部门层面，能够对公司业绩起到较强促进作用的先进集体和个人所表现出的行为	1. 日常绩效排名评优
			2. 年度或半年度优秀员工或 CEO 评比活动
			3. 集体荣誉关联认可
			4. 其他外部荣誉

3. 行为认可评价

行为认可为认可评价体系中的重点，主要对员工在日常工作中所表现出来的符合公司价值体系、能推动公司业务发展且未纳入组织绩效考核体系的行为，如积极、主动等态度引导下的相关行为（见表 6-4）。

表 6-4 行为认可评价行为及其描述

<table>
<tr><th>认可模块</th><th>行为项</th><th>行为子项描述</th><th>具体行为项目</th></tr>
<tr><td rowspan="20">行为认可</td><td rowspan="5">超额度完成本职工作</td><td rowspan="5">在现有绩效考评未涵盖范围内，超目标完成本职工作的行为，如提前、超范围、节省预算等</td><td>1. 节省工作时间</td></tr>
<tr><td>2. 超越工作任务</td></tr>
<tr><td>3. 节约工作成本</td></tr>
<tr><td>4. 主动规避经济及法律等风险</td></tr>
<tr><td>5. 其他</td></tr>
<tr><td rowspan="2">依据组织及岗位要求，制定本岗位工作计划并协调开展部门相关活动</td><td rowspan="2">依据岗位工作职责，利用科学技术方法，制定相应的工作计划，并及时同部门领导进行沟通的行为</td><td>1. 参与制定部门相应工作计划或组织相关活动</td></tr>
<tr><td>2. 其他</td></tr>
<tr><td rowspan="4">工作努力程度</td><td rowspan="4">为完成本职工作或公司整体计划，资源牺牲个人休息时间，主动积极努力进行工作的行为</td><td>1. 加班</td></tr>
<tr><td>2. 带病工作</td></tr>
<tr><td>3. 不享受年休假</td></tr>
<tr><td>4. 其他</td></tr>
<tr><td rowspan="3">积极协助部门领导或项目负责人完成非本职工作以外的工作</td><td rowspan="3">不影响本职工作前提下，积极协助部门领导或同事，能促进部门正向发展的行为；协助项目负责人及项目小组完成既定目标的行为</td><td>1. 部门集体活动</td></tr>
<tr><td>2. 参与项目小组活动</td></tr>
<tr><td>3. 其他</td></tr>
<tr><td rowspan="4">在部门领导安排下完成其他部门的整体协作行为</td><td rowspan="4">合理发挥特长或付出体力脑力劳动，协助其他部门完成公司所需开展的活动或工作</td><td>1. 发挥个人特长：如摄影、音乐等</td></tr>
<tr><td>2. 提供智力支持；如评审会</td></tr>
<tr><td>3. 依托技术优势；跨部门解决技术难题；</td></tr>
<tr><td>4. 其他</td></tr>
</table>

（续表）

认可模块	行为项	行为子项描述	具体行为项目
行为认可	在部门领导安排下完成公司层面的整体协作行为	在公司统筹下，协助活动发起发完成整体公司活动或行为方案，并积极贡献力量	1. 参与全员营销活动
			2. 参与全员网络建设优化活动
			3. 志愿者参与的公益活动
			4. 其他
	积极参加公司组织的集体活动	积极参与公司层面组织的集体活动	1. 参与道德讲堂等
			2. 其他部门组织的相关活动

4. 成长认可评价

成长认可评价的企业实践，如表 6-5 所示。

表 6-5　成长认可评价行为及其描述

认可模块	行为项	行为子项描述	具体行为项目
员工发展认可	公司层面的员工发展认可	员工参与公司开展的针对全员的公司知识、通用技能、产品知识、自我管理等方面的发展培训项目行为	1. 参加公司层面的培训
			2. 公司组织的相关劳动及技能竞赛
			3. 其他项目
	部门层面的员工发展认可	员工参与公司或部门开展的针对业务条块的管理技能、专业技能等方面的发展培训项目行为	1. 部门、专业线、区域公司组织的培训活动
			2. 部门、专业线、区域公司组织的劳技竞赛
			3. 其他
	个人层面的员工发展认可	员工个人进行的能够对企业发展提供智力支持和技术保障的自我发展培训项目的行为	1. 职称考试
			2. 学历教育
			3. 专业资格认证
			4. 技术短训
			5. 其他
	同事之间的员工发展认可	在企业发展所需智力范围内，员工开展的对其他同事的专项培训或帮扶行为	1. 内训师职责内的内训活动
			2. 传、帮、带——点金计划
			3. 道德大讲堂等分享活动
			4. 专业技能分享会
			5. 其他

5. 管理改进认可评价

管理改进认可的具体项目包括创新认可、合理化建议、集思广益等，该认可模块在系统中的外延表现为悬赏和提交漏洞（见表 6-6）。

表 6-6　管理改进认可评价行为及其描述

<table>
<tr><th>认可模块</th><th>行为项</th><th>行为子项描述</th><th>具体行为项目</th></tr>
<tr><td rowspan="12">管理改进认可</td><td rowspan="5">创新认可</td><td rowspan="5">针对公司业务流程、管理规范等，提出创新提案</td><td>1. 节省工作时间</td></tr>
<tr><td>2. 超越工作任务</td></tr>
<tr><td>3. 节约工作成本</td></tr>
<tr><td>4. 主动规避经济及法律等风险</td></tr>
<tr><td>5. 其他</td></tr>
<tr><td rowspan="5">合理化建议</td><td rowspan="5">无须提案，针对公司提出的日常管理微创新建议</td><td>1. 业务流程优化：如优化报销流程，优化审批流程，优化申报办公用品流程等</td></tr>
<tr><td>2. 日常管理微创新：如福利方式、节能减排等</td></tr>
<tr><td>3. 产品及服务的技术改进：如营业员服务态度，接线员服务方式，网络优化，宽带优化等</td></tr>
<tr><td>4. 公司业务发展方向及战略目标合理化建议</td></tr>
<tr><td>5. 其他</td></tr>
<tr><td rowspan="2">集思广益</td><td rowspan="2">根据公司或业务单位提出的集思广益计划，提出解决方案并获得一致好评</td><td>1. 公司层面的悬赏</td></tr>
<tr><td>2. 部门及区域公司层面的悬赏</td></tr>
</table>

6. 忠诚认可评价

忠诚认可评价的企业实践，如表 6-7 所示。

表 6-7　忠诚认可评价行为及其描述

认可系统	行为项	行为子项描述	具体行为项目
忠诚认可	教育程度	员工个人的受教育程度	1. 高中
			2. 大专
			3. 本科及以上
	司龄	员工进入公司的服务期限	1. 一年以下
			2. 一年以上五年以下
			3. 五年以上
	职称	员工在专业技术领域取得的职称等	1. 初级技术职称
			2. 中级技术职称
			3. 高级技术职称
			4. 正高级技术职称

(二) 明确认可要项的评价标准

针对认可评价模块中的相关行为方式，予以赋分，并将频次、得分、责任人等明确到位(见表 6-8)。

表 6-8　认可要项及其评价标准

认可模块	二级分类	分值	频次	评分人
日常行为认可评价	超目标完成工作	200 分	每次 5 分、10 分、15 分，超过 200 分不再发放	主管领导
	敬业，经常加班			
	积极参加内部活动			
团队合作认可评价	集体荣誉分享	200 分	市级 100 分/县级 50 分	留痕部门
	项目管理/工作室管理	2 000 分	年度 2 000 分，按参与人数和评价结果分布，人均 20～50 分/年	项目管理办公室
	参加公司级集体活动	2 分	每次参加给予 2 分，集团级活动 5 分/次	

（续表）

认可模块	二级分类	分值	频次	评分人
管理改进认可评价	悬赏	悬赏分	提交方案 X 分，方案采纳 X 分	悬赏发起人
	合理化建议	2 分	提交建议 2 分，建议采纳 X 分	办公室
	创新认可	2 分	部门级 2 分，公司级 5 分，集团级 15 分	创新委员会
……	……	……	……	……

（三）搜集内外部认可评价激励资源

全面认可激励在企业运行过程中，会根据员工日常表现，产生大量积分，企业需要搜集内外激励资源，进行“消分”，以提高认可评价积分的激励性和趣味性（见表 6-9）。

表 6-9　内外部认可评价激励资源收集

激励类型	激励模块	激励项	具体方式	积分兑换规则
精神激励	高层激励	总裁座谈会	年度或半年度总裁座谈会	抢购，员工用一定积分兑换座谈会入场券
		副总以上领导接见员工家属并交流	领导在公司接见员工家属，双方良好交流	竞拍或抢购，名额有限，先到先得
		副总以上领导半小时午餐会	副总以上领导 30 分钟时间就员工所关心的问题进行交流，话题包括职业生涯分享、工作技能提升以及员工关心的其他问题等	竞拍或抢购，员工需要将关心的话题提前以提纲的方式提交综合办审核
	荣誉激励	优秀员工表彰	张贴荣誉榜； 内刊发表及外刊发表； 电脑屏保、楼宇电视等媒体展示； 公司年度表彰会	参照月度、季度、年度积分排名情况

（续表）

激励类型	激励模块	激励项	具体方式	积分兑换规则
物质激励	康养激励	短旅途旅游	员工免费集体出外旅游	抢购，员工用一定积分兑换短途旅游机会，因人数未达到要求活动取消时，积分自动返还
		调休	员工通过一定的积分兑换调休券，并根据调休券上的时间享受年休之外的带薪假期	使用调休券时，员工需要通过所在部门或分公司领导签批通过
	实物激励	购物券	超市购物券、折扣或免费电影券、演艺活动门票、洗车券、知名餐厅优惠券等	竞拍或抢购
		测试产品试用	员工以一定积分抢购公司测试产品并进行试用	员工以一定积分抢购公司测试产品，根据要求写好测试报告后，将给予一定额度的积分返还
		高价值、高吸引力的商品	不定期的高价值物品、高吸引力的产品	竞拍，出价最高者得
		公司自有商品	靓号的选择； 可以赠送他人的流量包或其他业务包； 可以赠送他人的家庭宽带套餐； 库存促销品	抢购或竞拍
		其他商品	日用品、医疗加油包等	抢购，数量有限，先到先得

（四）IT系统支持

寻找试点单位，测试系统运行是否良好。测试期间，主要看积分行为的认定和积分行为的给予是否及时，在审视信息化系统运行的同时，也应注意审视系统运行的内涵，即认可评价及认可资源的规则（见图6-7）。

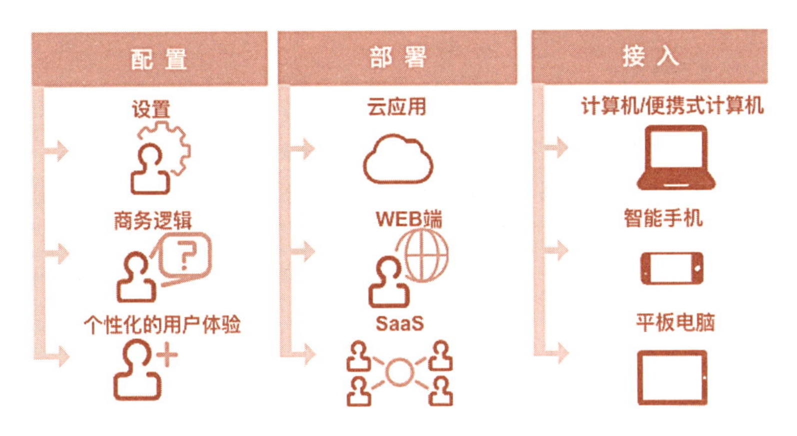

图 6-7　IT 系统支持

案例：北京展览馆宾馆员工认可激励项目

受金融危机影响，宏观经济滑坡，国内酒店业效益普遍不佳。在此背景下，传统酒店面临着如何吸引人、留住人的人才管理难题。具体来说，如何在不增加工资成本的情况下增加员工整体满意度，成了酒店业经营管理的瓶颈问题。

在此背景下，北京展览馆宾馆的经营管理团队积极寻求突破难题，吸收国内外最新的有关基层员工认可激励理念，在宾馆内部安装了 IT 化、系统化的北展认可激励系统，实现对北展宾馆全体员工的即时认可。

（一）北展认可激励系统功能设计

北展员工认可激励系统遵循“让认可无时不在、无处不在”的员工激励理念，以 360 度全方位评价确定认可体；以员工生日认可、周年认可、考勤认可、服务认可、关键绩效认可等认可项目为主要认可内容；以积分制为基础建立了“积分生成平台”“积分展示平台”“积分兑换平台”“积分管理平台”四大平台。

(1) 积分生成：根据认可规则，及时对员工进行认可评价，生成认可积分。

(2) 积分展示：积分生成后，进行积分和认可动态的展示，员工可以基于认可激励结果进行沟通交流。

(3) 积分消费：可以根据积分类型差别、企业需求及员工个人需求自主选择在商城消费或兑换成奖金。

(4) 积分管理：对企业整体的认可激励状况及积分兑换状况进行查看和管理。

（二）北展认可激励系统的成效

北展认可激励系统依靠移动互联、大数据技术，从员工激励机制方面进行创新，实现员工认可 IT 化、管理 IT 化、社交化、弹性化，并最终达到认可及时、全面管理、互动交流、员工满意。

(1) 让认可员工时时在:员工作出符合企业价值导向和对企业有益的行为后可及时获得积分,实时而持续不断的认可是对员工贡献最有效的反馈。

(2) 让管理下属更容易:上级领导可以通过认可并给予积分的形式对标杆员工进行公开的表扬和奖励,从而形成内部竞争机制,让领导的管理变得正向而有效。

(3) 让内部沟通无极限:北展员工认可激励系统在宾馆内部打造实时沟通的文化氛围,以社交化的方式提高员工认可的效用,员工可以在认可激励平台中实时查看个人认可信息、相互沟通交流,发送祝福。

(4) 让激励员工更有效:对员工的物质激励表现在员工可以通过认可激励系统进行积分兑换,员工根据需要使用积分在商城进行消费,自主选择所喜爱的商品,也可以将积分兑换成奖金。精神激励表现在员工的积分排名和认可情况的公开显示。

七、基于员工+客户的双认可评价模式

上文是基于员工认可评价体系的构建思路,目前业内也有针对“员工+客户”的“双认可评价”模式探索。具体要点如下。

(一) 员工认可的客户认可维度模式

员工认可评价方式,在原有六大认可模块中,加入“客户认可评价”模块。

在“客户认可评价”中,有两种方式较为常见。

一种是“打赏”的性质,当客户在享受员工提供的服务时,可以以“现金”“点赞”等形式给员工认可评价。

“现金”的认可评价,一般可以由员工自行支配;“点赞”的认可评价,可以按周期进行内部评比,给予精神性和物质性认可评价激励。

另外一种客户认可评价方式,可以采取“小红花”的方式,每位员工在公司内外部客户中,按照一定的“红花”比例,通过相关行为方式,来获得“红花”认可奖励。

（二）“双认可”模式

在员工全面认可激励体系之外，引入客户认可评价体系，通过客户认可评价激励系统的建立，让员工服务好客户，让客户成为员工，让客户吸引客户。

在客户认可评价系统中，一般包括两类认可评价。

一种是客户消费认可，通过对客户的消费行为进行认可，将客户变成员工，体现企业全方位营销策略，提高会员和顾客价值。被认可的客户将在系统内获得积分返还，可以抵用现金，也可以继续消费。

另外一种是顾客推荐认可，通过对顾客推荐行为进行认可，延展顾客的认可范围和幅度。同时可以帮助企业拓宽产品与服务的消费渠道，为更大范围的顾客提供认可评价激励，打造品牌影响力。

八、积分制管理，全面认可激励的新实践

（一）积分是什么

积分是认可评价激励的数据载体和表现形式，在管理上的认可行为通过积分的生成、发放和赠予得到最直接的表达。

积分作为一种数据，一方面记录了员工的成长历程，另一方面可以供管理者进行分析应用。

对员工的认可，可以通过积分的形式进行公开的表达，可以对员工的认可反馈产生更大的激励效果。

积分分为固定积分和变动积分。固定积分具有周期性，积分赠予的时间和数值都较为稳定；变动积分具有动态性，时间和赠予的积分值都比较灵活。

(二) 积分的生成来源

在全面认可激励体系中,工作任务认可、合作认可、服务认可、文化标兵、突出贡献认可、管理改进认可、客户忠诚认可、员工成长认可等都可以获得积分。

(三) 积分管理的系统架构

1. 认可评价平台

积分管理的系统框架包括认可评价平台,是积分生成的平台,根据认可规则,及时对员工进行认可评价,生成认可积分。

2. 积分展示平台

积分生成后,进行积分和认可动态展示,员工可以基于认可评价与激励结果进行沟通交流。

3. 积分兑换平台

员工可以根据积分类型差别、企业需求及员工个人需求自主选择在兑换平台上“消分”。

4. 积分管理平台

对企业整体的认可评价激励状况及积分兑换状况,可以通过该平台进行查看和管理。

(四) 积分 IT 系统的职责分布

(1) 后台管理者负责账户管理、积分管理、预算、审核、统计和积分兑现。

(2) 部门管理者负责查看部门员工积分排名、员工积分统计等。

(3) 个人中心显示个人的账户积分月、积分排行、社交动态信息、账户积分动态等。

（4）账户管理中心负责固定积分和变动积分的管理，同时提供充值记录查询和消费记录查询。

积分制管理只有和全面认可激励激励体系融合在一起，才能在企业实践中产生良好的价值。

某企业行为积分案例，如表 6-10 所示。

表 6-10　某企业行为积分案例

行为名称	定义	积分标准	备注
完成项目个数	已经参与完成的项目个数	10 分/项目	
完成项目合同金额	已经参与完成的项目总金额	5 分/十万（不足十万计 1 分）	
正在开发的项目个数	正在参与开发的项目个数	5 分/项目	
正在开展的项目合同金额	正在参与开发的项目合同金额	5 分/十万	
客户表彰次数	客户致电公司的表彰次数（电话、邮件、锦旗、公函等）	5 分/次	
招投标信息	提供的招投标信息	1 分/次	同一信息多人提供，按提交时间取第一名
参与招投标文件编写	参与招投标文件编写次数	15 分/次	单次招投标最多加分 45 分
跟踪服务客户数量	跟踪服务客户数量	10 分/个	考核周期内跟踪服务客户数量，同一客户只统计一次
客户来访次数	邀请客户来公司考察/交流次数	15 分/次	
走访客户次数	上门走访客户次数	5 分/次	
合理化建议	提出合理化建议	2 分/次	
	合理化建议被采纳	10 分/次	

（续表）

行为名称	定义	积分标准	备注
经验分享卡	提交经验分享卡	2分/次	
	被评为优秀经验分享	10分/次	
提交公司网站文章	提交公司网站文章	2分/次	1. 需同公司或者公司业务相关文章； 2. 单篇文章最高奖励分值20分；
	提交公司网站文章被采纳	10分/次	
提交公司内刊文章	提交内刊文章	2分/次	
	提交公司内刊文章被采纳	10分/次	
提交公司微信号文章	转发/搜集文章	2分/次	
	原创文章	10分/次	
参与学术期刊论文	向学术期刊投稿	5分/次	
	向学术期刊投稿文章被采纳	15分/次	
转发公司微信次数	朋友圈/微博转发公司文章次数	1分/次	每天最高积分2分
参与行业论坛次数	作为邀请嘉宾参与行业内论坛次数	10分/次	
培训	公司内部开展培训次数	10分/次	
	参与公司组织培训次数	1分/次	
优化业务流程	参与优化业务流程	2分/次	
	业务流程优化被采纳	10分/次	
优秀人才推荐	向公司推荐优秀人才信息	2分/次	通过简历删选阶段即可得分
	推荐的优秀人才最终被录用	10分/次	
人才培养	所领导项目团队成员任职资格等级升级	10分/人	

淘宝大学内部讲师管理制度是一种独具特色的“六段”分级制，该制度规定讲师等级由低到高分为橙、绿、蓝、红、紫、黑六段，每段对应相应的积分要求和课时报酬。

在“六段”分级制中，积分是最核心的考核标准。每段晋升都有对应数量的积分要求，成为黑带更是需要高达 50 000 的积分。

积分可以通过线下授课、市场活动、项目运营、课程教材开发与在线活动获得。与积分奖励体系相对应的，是用来惩罚某些行为的积分扣除体系。惩罚最严重的是缺勤导致课程或活动无法进行，其次则是迟到和投诉(见表 6-11)。

表 6-11　淘宝大学积分管理体系

积分奖励项目	类型	得分
线下授课	线下授课	100 分/课时(满意度低于 90%为 0)
	助教	50 分/课时
市场活动	活动负责人	200 分/次
	淘宝大学小型活动支持(例如：支持、设计、报道等)	50 分/次
	大赛评审	200 分/次
项目运营	电商精英师资培训班主任	500 分每天，另加 500 分每届
	电商精英师资培训授课讲师	500 分每天
	电商精英师资培训授课助教	250 分每天，另加 150 分每届
	其他项目	按项目情况单独设置
课程、教材开发	独立开发标准课程(制作 PPT、讲授并通过评审)	150 分/门
	标准课程更新或改版	100 分/门
	编写教材书籍等	1 000 分/本
	杂志发表文章	300 分/次
	在线点播课程	50 分/门(8 分钟)
	在线点播课程	100 分/门(30 分钟)

（续表）

积分奖励项目	类型	得分
课程、教材开发	在线直播课程	200分/次
	在线课程助教	50分/次
在线活动	在线活动策划（如论坛活动策划）	100分/次
	精华帖	50分/次
扣分体系（不可抗力因素除外）	在淘大讲师会议迟到	扣150分/次，并给予处分
	授课、活动迟到	扣300分/次，并给予处分
	缺勤导致课程或活动无法进行	扣500分/次，并给予处分
	提升培训等缺勤	扣100分/次
	一个自然月内未参加淘大任何活动	扣100分/次
	投诉（来自讲师、机构、学院等）	扣300分/次
	未按时完成课件等	扣100分/次
	项目失控或严重滞后	扣300分/次
	项目未完成	扣500分/次
	作为导师失责	扣300分/次

九、全面认可激励系统的核心价值

企业开发全面认可激励系统，可以实现一些定制化的激励功能，比如，每逢员工生日、入职周年纪念日等节日，每当员工作出有益于企业的行为贡献，将在第一时间获得积分认可。

同时，通过统一的IT管理系统，企业可以实现对认可方案、预算、账户权限等的管理，帮助企业持续改进员工认可激励体系。而在基于认可积分的企业社交网络平台上，个人员工可以实现查看积分排名、发表状态、对同事获得的认可发表评论、向同事赠送虚拟礼物等功能，这更好地帮助企业实现公开认可，建立沟通氛围。

此外，企业可以根据需求建立个性化的网上商城，员工可以在网上商城上消费所获认可积分，以购买各种心仪的商品与服务。电子商城有完善的换卡消费体系，员工可以使用积分兑换各类购物卡。同时，还可以与京东、亚马逊、超市发、艺龙等大供应商发展为良好的合作伙伴关系，联合开发各类商城，员工可以在联合商城中直接使用积分购买所需要的商品与服务。

为了更好地满足员工的多样需求，网上商城中还可以包含全面的分类服务商城，包括在线订餐、培训学习、有机食材购买、租房服务、便民服务等。商城具有分区分级的功能，帮助企业实现商城的个性化定制以及员工认可积分专款专用。

总体而言，全面认可激励系统是公司员工集网络社交、认可激励、电子商城三项功能于一体的综合平台。在这样的系统平台上，企业通过建立自己专属 LOGO 的认可激励系统，强化自己的企业文化；通过搭建企业内部的在线社交平台，优化企业的员工关系；通过即时的认可，实现对员工的卓有成效激励。员工通过积分的获得提高工作的动力，促使自己更加努力的工作；通过积分的管理，实现积分的转存与消费，提高福利的效用；企业内部的在线社交可增强同事间的交流沟通，更方便的处理人际关系。

参 考 文 献

[1] 郭威. 巴纳德组织理论解读(二):如何理解巴纳德[J]. 中国人力资源开发,2013(12):86-92.

[2] 郝聚民. 互联网思维下的七大学习领域新趋势[J]. 中国人力资源开发,2014(8):91-98.

[3] 秦晨晓. 方太管理辩证法[J]. 中国人力资源开发,2014(8):14-33.

[4]《中国人力资源》编辑部. 带着员工一起玩:阿芙精油的另类管理[J]. 中国人力资源开发,2013(4):31-40.

[5]《中国人力资源》编辑部. HR眼中的"淘宝大数据"[J]. 中国人力资源开发,2013(4):34-39.

[6] 吴青阳. 淘宝大学,非典型商学院成长史[J]. 中国人力资源开发,2013(4):14-28.

[7] 从龙峰,胡宇萌. 固锝公司的幸福管理——从开始到现在[J]. 中国人力资源开发,2013(20):18-33.

[8]《中国人力资源》编辑部. 幸福企业管理密码[J]. 中国人力资源开发,2013(24):40-57.

[9] [美]亚当·L·潘恩伯格. 反枯燥:游戏化思维开创商业及管理的"新蓝海"[M]. 陈丽娜,译. 四川人民出版社,2005.

[10] [美]凯文·韦巴赫,丹·亨特. 游戏化思维:改变未来商业的新力

量[M]. 周逵,王晓丹,译. 浙江人民出版社,2014.

[11] 彭剑锋. 战略人力资源管理:理论、实践与前沿[M]. 中国人民大学出版社,2014.

[12] 曹永丁. 全面认可激励:让企业管理更高效[J]. 中国电力教育,2014(16):85-88.

[13] 文跃然,周欢. 从货币报酬思维走向总体报酬思维[J]. 中国人力资源开发,2015(2):15-20.

[14] 张成露,文跃然. 困惑:给我钱,不要认可基层员工的认可激励探讨[J]. 中国人力资源开发,2015(2):33-36.

[15] 朱飞,文跃然,谢安. 认可激励的理论发展与实践思考[J]. 中国人力资源开发,2015(2):21-24.

[16]《中国人力资源》编辑部. 认可激励提升企业竞争优势——访中国人民大学劳动人事学院副教授文跃然[J]. 中国人力资源开发,2015(2):12-15.

[17] 王泽宇,杨慧,孙煊婷. 从内在动力到网络中心性:游戏化管理的创新业绩实证研究[J]. 中国人力资源开发,2016(1):23-30.

[18] 赵珂珂. HR管理"游戏化"[J]. 企业管理,2015(1):93-95.

“HR 专业能力建设工程”丛书

- ✓ 《绩效考核十大方法》
- ✓ 《全面认可激励——数字时代的员工激励新模式》
- ✓ 《高潜质人才的选拔与评价》
- ✓ 《人才管理“三能”模式:打造组织人才能力供应链》
- ✓ 《企业文化与经营管理——基于价值观的管理优化》
- ✓ 《中国合伙人》
- ✓ 《基于胜任力的任职资格体系》
- ✓ 《成长型企业的人力资源管理实务》
- ✓ 《组织变革与发展十大命题》
- ✓ 《人才全生命周期管理八步法》
- ✓ 《干部队伍建设》
- ✓ 《高绩效领导力》
- ✓ 《高效政府绩效评估体系》
- ✓ 《平台化人力资源管理》
- ✓ 《HR 三支柱的理论与实践》
- ✓ 《OKR 中国企业应用实践》
- ✓ 《人力资源管理架构师》
- ✓ 《数字时代与智能时代人力资源管理与创新》
- ✓ 《高效能人力资源管理者的七种思维》

- ✓ 《阿米巴中国实践》
- ✓ 《管理者八项基本功》

……

未完待续

图书在版编目(CIP)数据

全面认可激励：数字时代的员工激励新模式/张小峰编著．—上海：复旦大学出版社，2018.12
(HR专业能力建设工程丛书)
ISBN 978-7-309-13949-5

Ⅰ.①全… Ⅱ.①张… Ⅲ.①企业管理-人事管理-激励 Ⅳ.①F272.923

中国版本图书馆CIP数据核字(2018)第220496号

全面认可激励：数字时代的员工激励新模式
张小峰 编著
责任编辑/王雅楠

复旦大学出版社有限公司出版发行
上海市国权路579号 邮编：200433
网址：fupnet@fudanpress.com http://www.fudanpress.com
门市零售：86-21-65642857 团体订购：86-21-65118853
外埠邮购：86-21-65109143 出版部电话：86-21-65642845
浙江新华数码印务有限公司

开本787×960 1/16 印张13.25 字数157千
2018年12月第1版第1次印刷

ISBN 978-7-309-13949-5/F·2502
定价：58.00元